企业新型学徒制培训教材

法律常识

人力资源社会保障部教材办公室 组织编写

招工即招生 入企即入校

企校双师联合培养

中国劳动社会保障出版社

图书在版编目（CIP）数据

法律常识 / 人力资源社会保障部教材办公室组织编写 . -- 北京：中国劳动社会保障出版社，2019

企业新型学徒制培训教材

ISBN 978-7-5167-3878-8

Ⅰ.①法…　Ⅱ.①人…　Ⅲ.①法律 - 中国 - 职业培训 - 教材　Ⅳ.①D92

中国版本图书馆 CIP 数据核字（2019）第 041062 号

中国劳动社会保障出版社出版发行

（北京市惠新东街 1 号　邮政编码：100029）

*

北京市艺辉印刷有限公司印刷装订　新华书店经销

787 毫米 × 1092 毫米　16 开本　7.5 印张　89 千字

2019 年 3 月第 1 版　2020 年 9 月第 4 次印刷

定价：20.00 元

读者服务部电话：（010）64929211/84209101/64921644

营销中心电话：（010）64962347

出版社网址：http://www.class.com.cn

企业新型学徒制培训教材编审委员会

前言
Preface

为贯彻落实党的十九大精神，加快建设知识型、技能型、创新型劳动者大军，按照中共中央、国务院《新时期产业工人队伍建设改革方案》《关于推行终身职业技能培训制度的意见》有关要求，人力资源社会保障部、财政部印发了《关于全面推进企业新型学徒制的意见》，在全国范围内部署开展以“招工即招生、入企即入校、企校双师联合培养”为主要内容的企业新型学徒制工作。这是职业培训工作改革创新的新举措、新要求和新任务，对于促进产业转型升级和现代企业发展、扩大技能人才培养规模、创新中国特色技能人才培养模式、促进劳动者实现高质量就业等都具有重要的意义。

为配合企业新型学徒制工作的推行，人力资源社会保障部教材办公室组织相关行业企业和职业院校的专家，编写了系列全新的企业新型学徒制培训教材。

该系列教材紧贴国家职业技能标准和企业工作岗位技能要求，以培养符合企业岗位需求的中、高级技术工人为目标，契合企校双师带徒、工学交替的培训特点，遵循“企校双制、工学一体”的培养模式，突出体现了培训的针对性和有效性。

企业新型学徒制培训教材由三类教材组成，包括通用素质类、专业基础类和操作技能类。首批开发出版《入企必读》《职业素养》《工匠精神》《安全生产》《法律常识》等16种通用素质类教材和专业基础类教材。同时，统一制订新型学徒制培训指导计划（试行）和各教材培训大纲。在教材开发的同时，积极探索“互联网＋职业培训”培训模式，配套开发数字课程和教学资源，实现线上线下培训资源的有机衔接。

企业新型学徒制培训教材是技工院校、职业院校、职业培训机构、企业培训中心等教育培训机构和行业企业开展企业新型学徒制培训的重要教学规范和教学资源。

企业新型学徒制培训教材编写是一项探索性工作，欢迎开展新型学徒制培训的相关企业、培训机构和培训学员在使用中提出宝贵意见，以臻完善。

人力资源社会保障部教材办公室

目录
Content

第1章 增强法律意识

1.1 尊法　学法 / 002
1.1.1 法的概念、特征和作用 / 002
1.1.2 我国社会主义法律体系 / 005
1.2 守法　用法 / 008
1.2.1 做守法的好公民 / 008
1.2.2 用法保护自我合法权益 / 009
即学即用 / 011

第2章 劳动关系

2.1 劳动合同 / 014
2.1.1 劳动合同概述 / 014
2.1.2 无效劳动合同 / 016
2.1.3 试用期的约定 / 018
2.1.4 劳动合同的签订时间 / 019
2.1.5 劳动合同的终止和解除 / 021
2.2 劳动争议 / 025
2.2.1 劳动争议概述 / 025
2.2.2 争议协商调解 / 027
2.2.3 劳动争议仲裁 / 030

2.2.4 劳动争议诉讼 / 036
即学即用 / 040

第 3 章 社会保险

3.1 社会保险简介 / 042
3.1.1 社会保险概述 / 042
3.1.2 社会保险适用法律法规 / 046
3.2 五险一金 / 047
3.2.1 养老保险 / 047
3.2.2 医疗保险 / 047
3.2.3 失业保险 / 047
3.2.4 工伤保险 / 048
3.2.5 生育保险 / 049
3.2.6 住房公积金 / 050
即学即用 / 052

第 4 章 劳动权益

4.1 假务管理 / 054
4.1.1 假务权益概述 / 054
4.1.2 加班及相关权益 / 056
4.1.3 事假 / 061
4.1.4 病假 / 062
4.1.5 婚假 / 066
4.1.6 带薪年假 / 067
4.1.7 产假 / 068
4.1.8 丧假 / 070
4.2 劳动保护 / 072
4.2.1 女职工劳动保护 / 072

4.2.2 未成年工劳动保护 / 076

4.3 职业健康与卫生 / 079

4.3.1 职业健康 / 079

4.3.2 职业卫生 / 082

4.4 安全生产 / 087

4.4.1 安全教育培训 / 087

4.4.2 劳动防护用品 / 090

4.4.3 特种作业管理 / 092

即学即用 / 096

第5章 知识产权与商业秘密

5.1 知识产权管理 / 100

5.1.1 知识产权概述 / 100

5.1.2 知识产权相关法律法规 / 100

5.2 保密管理 / 104

5.2.1 商业秘密及要素概述 / 104

5.2.2 商业秘密保护相关法律法规 / 106

即学即用 / 110

第1章

增强法律意识

1.1 尊法 学法

1.1.1 法的概念、特征和作用

法是由国家制定或认可并以国家强制力保证实施的行为规范体系，它通过规定人们在相互关系中的权利和义务，确认、保护和发展社会关系和社会秩序。

法有广义和狭义之分。广义的法律是指法的整体，包括法律、有法律效力的解释以及其行政机关为执行法律而制定的规范性文件（如规章）。而狭义的法律则专指有立法权力的机关依照立法程序制定的规范性文件，包括宪法、法令、法律、行政法规、地方性法规、行政规章、判例、习惯法等。法具有以下几个特征。

1. 法是调整行为的规范，具有规范性

行为是法律调整的对象，法律只调整人的外在行为，不干预人的思想。举例来说，一个人意图抢劫，但他只是在脑中产生了这种犯罪的念头，并没有付诸行动，那么对于他这种念头，法律是不能干预的。

法律具有规范性，是一般的、概括的规则，不针对具体的人和事。法律被制定出来后具有普遍的适用性，在其生效期内可以反复被适用。在一国范围之内，任何人的合法行为都无一例外地受法的保护；任何人的违法行为，也都无一例外地受法的制裁。法不是为特别保护个别人的利益而制定，也不是为特别约束个别人的行为而设立。

2. 法是由国家专门机关制定、认可和解释的规范，具有国家性

国家的存在是法存在的前提条件。一切法的产生，大体上都是通过制定、认可和解释这三种途径。所谓法的制定，是指法定的国家机关，依照法定的职权和程序创制、认可、修改和废止法律和规范性法律文件的活动，我国的各部法律（宪法、刑法、民法总则等）即属此类。所谓法的认可，是指国家通过一定的方式承认其他社会规范（道德、宗教、风俗、习惯等）具有法律效力的活动。所谓法的解释，是指法定的国家机关，依照法定职权和程序，按照既定的标准和原则对法律所作的阐释。

3. 法是有严格的程序规定的规范，具有程序性

法是强调程序、规定程序和实行程序的规范。也可以说，法是一个程序制度化的体系或制度化解决问题的程序。程序是社会制度化最重要的基石，程序性也是法的一个重要特征。一个没有程序或不严格遵守和服从程序的国家，就不会是一个法治国家。在法律领域，程序是人们实施法律行为在时间上和空间上必须遵循的法定的步骤和方式，法的制定要符合一定的程序，法的实施也要符合程序。例如，诉讼法就极为强调程序性，所以又称为程序法。一般来说，三大诉讼法虽各有特色，但基本程序是共通的，包括：（1）开庭前的准备；（2）法庭调查；（3）法庭辩论；（4）被告人最后陈述（刑事案件）或双方当事人最后发言（民事案件）；（5）合议庭退庭评议；（6）当庭宣判或定期宣判。

4. 法是由国家强制力保证其实施的规范体系，具有强制性

一切社会规范都具有强制性，都有保证其实施的社会力量。所谓强制性，是指各种社会规范所具有的、借助一定的社会力量来强迫人们遵守的性质。例如，道德规范主要依靠社会舆论、传统习惯以及人们的内心确信等来加以维持，违反道德规范不仅要受到社会舆论直接或间接的蔑视和批评，承受相应的道德责任和道德制裁，而且也会受到自我良心的谴责，道德规范由此而在一定程度和一定范围内制约着人们的行为。宗教规范的实施主要是通过精神强制的方式，但也必须依靠清规戒律、惩罚制度来保证教徒的遵守。

法不同于其他社会规范，它具有特殊的强制性，即国家强制性。

法是以国家强制力为后盾，由国家强制力保证实施的。在此意义上，所谓法的国家强制性，是指法依靠国家强制力保证实施、强迫人们遵守的性质。也就是说，不管人们的主观愿望如何，都必须遵守法律，否则将受到国家强制力的干涉，承担相应的法律责任。国家强制力是法实施的最后的保障手段。

相关知识

法与道德的关系

在社会调整系统中，法律和道德作为社会调整的有效手段，相辅相成，相互促进，协调发展。两者的区别主要表现为以下几方面。

（1）从调整对象来看，道德主要通过对人们内心的信念和思想动机活动的调整，而法律则主要指向人们的外部行为的合法性。

（2）从调整范围来看，道德的调整范围比法律调整的范围要广，而法律调整的范围通常限于那些要求并且有可能由国家评价和保障的社会关系。

（3）从调整内容来看，两者是义务设定与权利保障的内在互动，道德调整侧重义务的履行，而法律调整的重心则是对人的权利的保障。

（4）从调整手段来看，道德调整主要通过人们内在信念和社会舆论的谴责来保证人们对道德规范的遵守；而法律调整则主要通过有组织的国家强制力来保证其实施。

法律与道德的联系具体表现在：法律是传播道德的有效手段，道德是实施法律的推动力量。法律规范必须要有道德作为价值基础，而且道德对法的实施起着不可忽视的促进作用，有些社会关系领域法律不能调整，在这些领域加强道德调整有助于弥补法律调整的不足。

法的作用主要表现为三个方面。

第一，法具有规范作用。表现在以法律条文的形式明确告知人们可以做什么，不能做什么；哪些行为合法，哪些行为非法；违法者将受到什么制裁等。

第二，法具有预防作用。表现在法律的明示作用、执法效力和对违法行为的惩治力度上。人们在日常生活中，根据法律自觉调节和控制个人思想和行为，从而达到净化心灵、有效预防犯罪的社会效益。

第三，法具有矫正作用。表现在通过法律的强制执行力来矫正社会中偏离法律轨道的不法行为，从而保证社会稳定运行。

1.1.2 我国社会主义法律体系

所谓法律体系，通常是指一个国家的全部现行法律规范，按照一定的原则和要求，根据法律规范的调整对象和调整方法的不同，划分为若干法律门类，并由这些法律门类及其所包括的不同法律规范形成相互有机联系的统一整体。

我国已形成了以宪法为统帅、由七个法律部门和三个层次的法律规范所构成的较为完备的法律体系，如图1—1所示。七个法律部门分别是宪法及宪法相关法、民商法、行政法、经济法、社会法、刑法、诉讼与非诉讼程序法，它们已经涵盖了我国需要法律规制和调整的各个社会关系领域。

图1—1 我国法律体系的构成

其中，民商法主要调整自然人、法人和其他社会组织之间以平等地位而发生的社会关系，行政法主要调整行政管理过程中所发生的社会关系，经济法主要调整因国家对市场经济活动进行干预、管理、调控所产生的社会关系，社会法主要调整劳动、社会保障、社会福利方面的社会关系，刑法主要调整因犯罪和刑罚而产生的社会关系，诉讼与非诉讼程序法主要调整因解决纠纷而产生的社会关系。

三个层次分别是法律，行政法规以及地方性法规、自治条例和单行条例。这三个层次法律规范的并存，既有利于维护全国法制的统一，又兼顾了地方的差异性和民族的多样性。

其中，法律和行政法规属于全国统一适用的法律规范，地方性法规、自治条例和单行条例是在地方适用的法律规范。法律是全国人大及其常委会制定的调整国家、社会和公民生活中的重大事项的规范性法律文件。行政法规是国务院为执行法律的规定和履行行政管理职权而制定的规范性法律文件。地方性法规是省、自治区、直辖市和较大的市根据本行政区域的具体情况和实际需要所制定的规范性法律文件。自治条例和单行条例是民族自治地方的人大依照当地民族的政治、经济和文化的特点所制定的规范性法律文件。上述七个部门和三个层次的法律规范的存在，从总体上已经满足了我国依法治国的需要。

1. 宪法

宪法是我国的根本大法。我国现行宪法是 1982 年 12 月 4 日第五届全国人民代表大会第五次会议通过并施行的《中华人民共和国宪法》。自 1982 年 12 月 4 日施行以来，宪法经历了五次修改，分别是 1988 年、1993 年、1999 年、2004 年和 2018 年的《中华人民共和国宪法修正案》。

宪法规定了国家生活中最根本、最重要的方面。根据宪法，我国的国体是人民民主专政制度；政体是人民代表大会制度；基本经济制度是以公有制为主体、多种所有制经济并存；公民享有平等权、政治权利和自由、宗教信仰自由、人身自由等权利。

宪法具有最高法律效力，任何其他法律都不能和宪法的规定、原则相抵触；在制定和修改程序上，宪法比其他法律更为严格。

2. 民法

民法旨在保障公民、法人的合法民事权益。我国现行民法是 1986 年 4 月 12 日第六届全国人民代表大会第四次会议修订通过并于 1987 年 1 月 1 日起施行的《中华人民共和国民法通则》。2017 年 3 月 15 日，第十二届全国人民代表大会第五次会议表决通过了《中华人民共和国民法总则》。《民法通则》和《民法总则》都是民法的基本法。

民法以平等原则为核心，还遵循平等、自愿、公平、诚实、信用、等价有偿原则。它调整的是人身关系和财产关系。

3. 刑法

刑法旨在惩罚犯罪，保护人民，保障国家和社会公共安全，维护社会秩序。我国现行刑法是 1979 年 7 月 1 日第五届全国人民代表大会第二次会议通过的《中华人民共和国刑法》及之后陆续颁布的 9 个《刑法修正案》。

刑法遵循罪刑法定、罪刑相当、法律面前人人平等等原则。即刑法是判定公民是否构成犯罪的依据；刑罚的轻重，应当与犯罪分子所犯罪行和承担的刑事责任相适应；对任何人犯罪，在适用法律上一律平等。

4. 劳动法

劳动法是调整劳动关系以及与劳动关系密切联系的社会关系的法律规范的总称。劳动法主要调整劳动关系，同时也调整因劳动力管理、社会保险和福利、职工民主管理、劳动争议处理等产生的其他社会关系，进而建立和维护适应社会主义市场经济，促进经济发展与社会进步的劳动制度。

我国主要的劳动法律法规包括《中华人民共和国劳动法》《中华人民共和国劳动合同法》《中华人民共和国劳动争议调解仲裁法》《中华人民共和国社会保险法》《中华人民共和国就业促进法》《中华人民共和国工会法》等。

1.2 守法 用法

1.2.1 做守法的好公民

守法，是指一切国家机关及其工作人员、政党、社会团体、企事业单位和全体公民，自觉遵守法律的规定，将法律的要求转化为自己的行为，从而使法律得以实现的活动。守法就是严格依照法律行使自己享有的权利和履行自己应尽的义务。

法律是公正的，并且具有普遍性，它需要也值得我们遵守。具体而言，法律体现了对人的尊严的维护，维护人的尊严离不开对人权利的保护。法律的出发点就是对公民、法人和其他组织的权利全面、有效、合理的保护，法律要保护的是最大多数人的最大利益。以公民的权利而言，既有民主权利，又有财产权和人身权。

相关知识

权利与义务

法律上的权利和义务，是法律关系的一个重要构成要素，两者是紧密联系、不可分割的。在法律关系中，权利和义务相互依存。义务的存在是权利存在的前提，权利人要享受权利必须履行义务。公民要正确对待权利义务关系，既要依法行使法律赋予公民的权利，也要履行法律赋予公民的义务，形成正确的公民意识，以社会主义法律为武器，捍卫自己的正当权利，在享有个人所拥有的权利时，不忘记尊重和承认他人的合法权益，不忘履行对国家、对社会、对他人的义务。

法律是社会的最高行为准则，遵守法律也是社会中每个人应尽的义务。员工在工作和生活中都应该筑牢守法意识，树立正确的法治观念，依法约束自己的言行，让法律成为校准人生轨迹的重要准绳。遵纪守法是每个企业员工做好工作的基本前提，作为新时代的企业员工，应该做到以下几点。

（1）做任何工作都要以守法为前提。

（2）坚决抵制违反法律的工作任务和要求。

（3）遵守企业规章制度，消除抵触心理。

（4）在生活中凡事也要守法守纪。

案例回放

利用假文凭骗取工作，劳动合同是否有效？

2018年6月，小刘与某公司签订了一份为期3年的劳动合同。不料在小刘入职1个月后，公司发现小刘的学历证书是假的，工作经历也是自己编的。那么，小刘与该公司签订的劳动合同是否有效？

依法说案

根据《中华人民共和国治安管理处罚法》第五十二条的规定，有下列行为之一的，处十日以上十五日以下拘留，可以并处一千元以下罚款；情节较轻的，处五日以上十日以下拘留，可以并处五百元以下罚款：（一）伪造、变造或者买卖国家机关、人民团体、企业、事业单位或者其他组织的公文、证件、证明文件、印章的；（二）买卖或者使用伪造、变造的国家机关、人民团体、企业、事业单位或者其他组织的公文、证件、证明文件的。因此，小刘使用伪造的学历证书与某公司签订的劳动合同是无效的，其行为属于违法行为，应当予以处罚。

1.2.2　用法保护自我合法权益

法律是保护我们每一位公民最直接、最有效的工具，在当今社会我们都应该树立起维权意识来维护我们应有的合法权益。一个人要求助于正义，就去诉诸法律。我们应以主动积极的态度参与诉讼，树立正义观念，主动追求正当的法律程序，保障法律权利的正确实现，依法维权、护权，尊重和保障他人的权利，自觉维护自身的权利，以法律为武器自觉与任何侵权和不法行为做斗争。

作为新时代员工，应当拿起法律武器，学会运用法律的正当途径保护自己的合法权益。在用法保护自己合法权益时，应注意以下几点。

（1）只有法律才能保护我们的合法权益，而非暴力。

（2）了解自己的权益，受到侵害时要自知。

（3）维权有时效，注意维权的时间要求。

（4）维权要证据，注意维权的证据收集。

（5）维权靠合同，维权时注重合同的重要性。

（6）维权重流程，了解维权的基本诉讼流程。

案例回放

公司搬迁，辞退员工是否该给予经济补偿？

武汉某公司因发展需要，决定在今年搬至北京。但公司小王因为家庭原因不愿随公司搬迁。于是公司给小王办理了退工手续，但补偿问题公司却拖延不决，不愿支付他的补偿费用。

经与公司多次协商未果后，小王向所在街道办事处请求法律援助。最终，在有关部门的帮助下，小王获得了相应经济补偿，维护了自己合法权益。

依法说案

《中华人民共和国劳动合同法》规定，劳动合同订立时所依据的客观情况发生重大变化，致使劳动合同无法履行，经用人单位与劳动者协商，未能就变更劳动合同内容达成协议的，用人单位提前三十日以书面形式通知劳动者本人或者额外支付劳动者1个月工资后，可以解除劳动合同。同时，用人单位还需对劳动者给予一次性经济补偿。

本案中，该公司的行为属违法行为，其应依据《中华人民共和国劳动合同法》的相关规定对员工进行相应的经济补偿。

即学即用

1. 结合本章所学，写出与你工作和生活息息相关的法律法规。

2. 2018 年 6 月，女大学毕业生张丽在某网站上看到某烹饪学校在招聘文案人员，她认为自己的学历以及实习经验符合学校的要求，便在网上提交了简历。张丽对应聘信心满满，然而等待多天后仍没有得到任何回复。随后张丽了解到自己被拒绝的理由是该学校“限招男性”。

请你说说学校的做法是否正确？如果你是张丽，你会怎么做？

第2章

劳动关系

2.1 劳动合同

2.1.1 劳动合同概述

劳动合同是劳动者与用人单位确立劳动关系、明确双方权利和义务的协议。劳动合同的形式一般有书面形式和口头形式两种，书面合同是由双方当事人达成协议后，将协议的内容用文字形式固定下来，并经双方签字。《中华人民共和国劳动合同法》(以下简称《劳动合同法》)第十条规定:“建立劳动关系，应当订立书面劳动合同。”

1. 劳动合同的分类

根据不同的划分标准，劳动合同可以分为不同的类型，具体见表2—1。

表2—1 劳动合同的类型

分类标准	类型	含义、适用范围
劳动合同期限长短	固定期限劳动合同	1. 企业与劳动者约定合同终止时间的劳动合同 2. 合同期满，如果双方同意，还可以签订合同，延长期限 3. 合同期限届满，双方当事人的劳动法律关系即行终止
	无固定期限劳动合同	1. 企业与劳动者约定无确定终止时间的劳动合同 2. 适用于技术性强的工作岗位 3. 用人单位不能无故辞退职工
	以完成一定工作任务为期限的劳动合同	1. 企业与劳动者约定以某项工作任务的完成为合同期限的劳动合同 2. 合同双方当事人在合同存续期间建立的是劳动法律关系 3. 劳动者需要遵守企业内部规定，并享受企业的保险待遇

续表

分类标准	类型	含义、适用范围
劳动合同产生方式	录用合同	1. 适用于招收普通劳动者 2. 为满足企业生产经营需要，与通过公开招收、择优录用方式招收的劳动者订立的劳动合同
	聘用合同	1. 适用于技术顾问职位、法律顾问职位 2. 适用于企业招聘有技术专长的特定劳动者 3. 企业通过向特定劳动者发聘书，直接与之建立劳动关系
	借调合同	1. 适用于借调单位急需使用的职工 2. 当借调合同终止时，借调职工仍然回原单位工作 3. 借调单位、被借调单位与借调职工个人之间，为借调职工从事的某种工作明确双方的责任、权利和义务
合同双方人数不同	个人劳动合同	由劳动者个人同用人单位签订
	集体合同	1. 集体合同适用于中外合资企业合同的签订 2. 集体合同由工会代表劳动者集体同企业签订

2. 劳动合同必备条款

根据《劳动合同法》的明确规定，用人单位与劳动者签订劳动合同，劳动合同应具备如下条款：

（1）用人单位的名称、住所和法定代表人或者主要负责人；

（2）劳动者的姓名、住址和居民身份证或者其他有效身份证件号码；

（3）劳动合同期限；

（4）工作内容和工作地点；

（5）工作时间和休息休假；

（6）劳动报酬；

（7）社会保险；

（8）劳动保护、劳动条件和职业危害防护；

（9）法律、法规规定应当纳入劳动合同的其他事项。

2.1.2　无效劳动合同

无效劳动合同是指当事人违反法律规定订立的劳动合同，该劳动合同不具有法律效力。

1. 无效劳动合同的效力

根据无效程度，无效劳动合同分为部分无效和全部无效，具体这两种无效劳动合同的效力如图 2—1 所示。

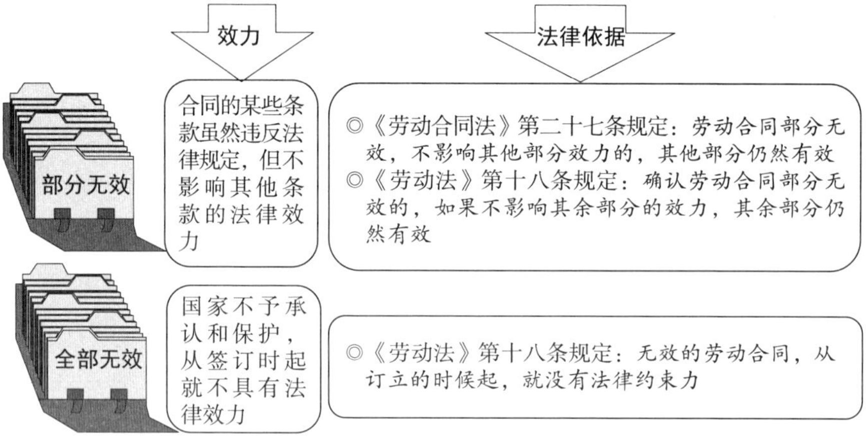

图2—1　部分无效和全部无效劳动合同的效力对比

2. 无效劳动合同的适用情形

对于无效劳动合同的适用情形，《劳动法》第十八条规定：下列劳动合同无效：

（1）违反法律、行政法规的劳动合同；

（2）采取欺诈、威胁等手段订立的劳动合同。

而《劳动合同法》扩大了劳动合同无效的情形，将《劳动法》规定的两种情形扩大到三种，主要增加了用人单位免除责任、排除劳动者权益的情形。《劳动合同法》第二十六条规定：下列劳动合同无效或者部分无效：

（1）以欺诈、胁迫的手段或者乘人之危，使对方在违背真实意思的情况下订立或者变更劳动合同的；

（2）用人单位免除自己的法定责任、排除劳动者权利的；

（3）违反法律、行政法规强制性规定的。

在实际工作中，导致劳动合同无效的常见原因主要有四个，具体如图 2—2 所示。

图2—2　劳动合同无效的常见原因

3. 无效劳动合同的确认机构

《劳动法》第十八条规定：“劳动合同的无效，由劳动争议仲裁委员会或者人民法院确认。”《劳动合同法》第二十六条规定：“对劳动合同的无效或者部分无效有争议的，由劳动争议仲裁机构或者人民法院确认。”

由上述法律规定可知，劳动合同是否无效，是全部无效还是部分无效并不由用人单位说了算，而是由劳动争议仲裁机构或者人民法院确认，即由劳动争议仲裁委员会或人民法院确认。按照《中华人民共和国劳动争议调解仲裁法》的规定，劳动合同的无效，应首先由劳动争议仲裁委员会确认，在当事人不服确认结果而依法提起诉讼的情况下，才由人民法院确认。

4. 无效劳动合同的法律后果

无效劳动合同的法律后果主要包括支付劳动者工资及进行赔偿，

具体如下所示。

（1）支付劳动者工资。《劳动合同法》第二十八条规定："劳动合同被确认无效，劳动者已付出劳动的，用人单位应当向劳动者支付劳动报酬。劳动报酬的数额，参照本单位相同或者相近岗位劳动者的劳动报酬确定。"由此可见，在劳动合同被确认无效的情况下，劳动者付出劳动后，用人单位应参照本单位相同或者相近岗位劳动者的劳动报酬予以支付劳动报酬，即不能以劳动合同无效为由拒付劳动报酬，也不再按照原来的约定支付报酬。

（2）进行赔偿。如果是用人单位原因造成劳动合同无效，用人单位有《劳动合同法》第二十六条规定的情形，即以欺诈、胁迫的手段或者乘人之危造成劳动合同无效，劳动者按规定解除劳动合同的，应向劳动者支付经济补偿；给劳动者造成损失的，可以根据《劳动合同法》第八十六条规定，承担赔偿责任。

如果是劳动者原因造成劳动合同无效，劳动者给用人单位造成损害的，用人单位可以根据《劳动合同法》第八十六条规定，要求劳动者承担赔偿责任。

2.1.3 试用期的约定

劳动合同中的试用期，一般是指在劳动合同期限内，劳动者与用人单位双方相互了解、相互考察、相互选择的一个时间段。

《劳动合同法》第十七条第二款规定："劳动合同除前款规定的必备条款外，用人单位与劳动者可以约定试用期、培训、保守秘密、补充保险和福利待遇等其他事项。"由此可见，试用期不是劳动合同的必备条款，属于约定条款。

尽管试用期条款属于用人单位与劳动者双方约定的条款，但并不意味着双方可以自由约定。

1. 试用期约定的适用情形

《劳动合同法》第十九条规定："以完成一定工作任务为期限的劳

动合同或者劳动合同期限不满三个月的，不得约定试用期。”具体劳动合同可以约定试用期和不可以约定试用期的情形如图 2—3 所示。

试用期约定适用情形图

可约定试用期的情形	不可约定试用期的情形
◎用人单位初次录用员工，且签订的劳动合同期限超过三个月	◎劳动合同期限不满三个月 ◎以完成一定工作任务为期限的劳动合同 ◎非全日制用工

图2—3　试用期约定适用情形图

2. 试用期期限的约定要求

《劳动合同法》第十九条规定：“劳动合同期限三个月以上不满一年的，试用期不得超过一个月；劳动合同期限一年以上不满三年的，试用期不得超过二个月；三年以上固定期限和无固定期限的劳动合同，试用期不得超过六个月。”具体试用期期限与劳动合同期限的对应关系见表 2—2。

表2—2　试用期期限与劳动合同期限的对应关系表

劳动合同期限	试用期期限
三个月以上不满一年的	不得超过一个月
一年以上不满三年的	不得超过二个月
三年以上固定期限	不得超过六个月
无固定期限的	不得超过六个月

2.1.4　劳动合同的签订时间

根据《劳动合同法》《中华人民共和国劳动合同法实施条例》（以下简称《劳动合同法实施条例》）的有关规定，用人单位应与劳动者在有效的时间内签订劳动合同。

1. 劳动合同签订的时间要求

《劳动合同法》第十条规定:“建立劳动关系，应当订立书面劳动合同。已建立劳动关系，未同时订立书面劳动合同的，应当自用工之日起一个月内订立书面劳动合同。用人单位与劳动者在用工前订立劳动合同的，劳动关系自用工之日起建立。”

根据上述法律规定，劳动合同的合法签订时间主要有三种情况，具体如图 2—4 所示。

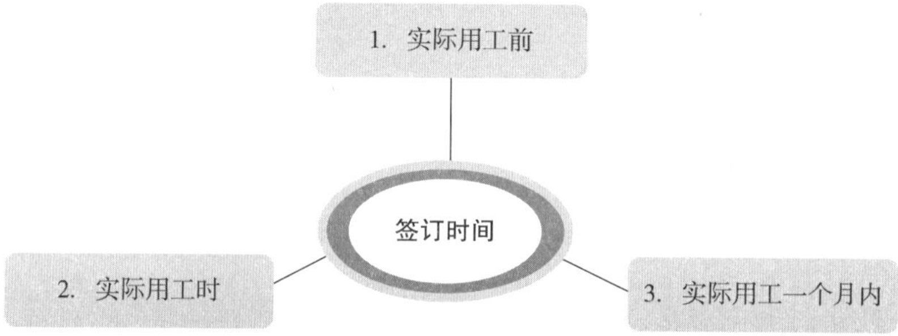

图2—4 劳动合同的合法签订时间

2. 未在法定时间签订劳动合同的处理

（1）自用工之日起超过一个月不满一年未签订的处理。《劳动合同法》第八十二条规定:“用人单位自用工之日起超过一个月不满一年未与劳动者订立书面劳动合同的，应当向劳动者每月支付二倍的工资。”

《劳动合同法实施条例》第六条对用人单位自用工之日起超过一个月不满一年未签订书面劳动合同的处理进行了更详细的规定，具体规定为:“用人单位自用工之日起超过一个月不满一年未与劳动者订立书面劳动合同的，应当依照劳动合同法第八十二条的规定向劳动者每月支付两倍的工资，并与劳动者补订书面劳动合同；劳动者不与用人单位订立书面劳动合同的，用人单位应当书面通知劳动者终止劳动关系，并依照劳动合同法第四十七条的规定支付经济补偿。前款规定的用人单位向劳动者每月支付两倍工资的起算时间为用工之日起满一个月的次日，截止时间为补订书面劳动合同的前一日。”

（2）自用工之日起满一年未签订书面劳动合同的处理。《劳动合同法》第八十二条规定："用人单位违反本法规定不与劳动者订立无固定期限劳动合同的，自应当订立无固定期限劳动合同之日起向劳动者每月支付二倍的工资。"同时《劳动合同法》第十四条规定："用人单位自用工之日起满一年不与劳动者订立书面劳动合同的，视为用人单位与劳动者已订立无固定期限劳动合同。"由上述两条法律条款可知，用人单位自用工之日起满一年不与劳动者订立书面劳动合同的，视为双方已建立无固定期限劳动合同的法律关系，需自应当订立无固定期限劳动合同之日起向劳动者每月支付二倍的工资。

《劳动合同法实施条例》第七条对用人单位自用工之日起满一年未与劳动者订立书面劳动合同的处理进行了更详细的规定。具体规定为："用人单位自用工之日起满一年未与劳动者订立书面劳动合同的，自用工之日起满一个月的次日至满一年的前一日应当依照劳动合同法第八十二条的规定向劳动者每月支付两倍的工资，并视为自用工之日起满一年的当日已经与劳动者订立无固定期限劳动合同，应当立即与劳动者补订书面劳动合同。"即用人单位自用工之日起满一年仍然未与劳动者订立书面劳动合同的，除在不足一年的违法期间向劳动者每月支付两倍的工资外，还应当视为用人单位与劳动者已订立无固定期限劳动合同。

2.1.5　劳动合同的终止和解除

在《劳动合同法》第四章中，对劳动合同的终止和解除做了详细的阐述。

1. 用人单位与劳动者协商一致，可以解除劳动合同。

2. 劳动者提前三十日以书面形式通知用人单位，可以解除劳动合同。劳动者在试用期内提前三日通知用人单位，可以解除劳动合同。

3. 用人单位有下列情形之一的，劳动者可以解除劳动合同：

（1）未按照劳动合同约定提供劳动保护或者劳动条件的；

（2）未及时足额支付劳动报酬的；

（3）未依法为劳动者缴纳社会保险费的；

（4）用人单位的规章制度违反法律、法规的规定，损害劳动者权益的；

（5）因《劳动合同法》第二十六条第一款规定的情形致使劳动合同无效的；

（6）法律、行政法规规定劳动者可以解除劳动合同的其他情形。

用人单位以暴力、威胁或者非法限制人身自由的手段强迫劳动者劳动的，或者用人单位违章指挥、强令冒险作业危及劳动者人身安全的，劳动者可以立即解除劳动合同，不需事先告知用人单位。

4.劳动者有下列情形之一的，用人单位可以解除劳动合同：

（1）在试用期间被证明不符合录用条件的；

（2）严重违反用人单位的规章制度的；

（3）严重失职，营私舞弊，给用人单位造成重大损害的；

（4）劳动者同时与其他用人单位建立劳动关系，对完成本单位的工作任务造成严重影响，或者经用人单位提出，拒不改正的；

（5）因《劳动合同法》第二十六条第一款第一项规定的情形致使劳动合同无效的；

（6）被依法追究刑事责任的。

5.有下列情形之一的，用人单位提前三十日以书面形式通知劳动者本人或者额外支付劳动者一个月工资后，可以解除劳动合同：

（1）劳动者患病或者非因工负伤，在规定的医疗期满后不能从事原工作，也不能从事由用人单位另行安排的工作的；

（2）劳动者不能胜任工作，经过培训或者调整工作岗位，仍不能胜任工作的；

（3）劳动合同订立时所依据的客观情况发生重大变化，致使劳动合同无法履行，经用人单位与劳动者协商，未能就变更劳动合同内容达成协议的。

6. 有下列情形之一，需要裁减人员二十人以上或者裁减不足二十人但占企业职工总数百分之十以上的，用人单位提前三十日向工会或者全体职工说明情况，听取工会或者职工的意见后，裁减人员方案经向劳动行政部门报告，可以裁减人员：

（1）依照企业破产法规定进行重整的；

（2）生产经营发生严重困难的；

（3）企业转产、重大技术革新或者经营方式调整，经变更劳动合同后，仍需裁减人员的；

（4）其他因劳动合同订立时所依据的客观经济情况发生重大变化，致使劳动合同无法履行的。

裁减人员时，应当优先留用下列人员：

（1）与本单位订立较长期限的固定期限劳动合同的；

（2）与本单位订立无固定期限劳动合同的；

（3）家庭无其他就业人员，有需要扶养的老人或者未成年人的。

用人单位依照本条第一款规定裁减人员，在六个月内重新招用人员的，应当通知被裁减的人员，并在同等条件下优先招用被裁减的人员。

7. 劳动者有下列情形之一的，用人单位不得依照《劳动合同法》第四十条、第四十一条的规定解除劳动合同：

（1）从事接触职业病危害作业的劳动者未进行离岗前职业健康检查，或者疑似职业病病人在诊断或者医学观察期间的；

（2）在本单位患职业病或者因工负伤并被确认丧失或者部分丧失劳动能力的；

（3）患病或者非因工负伤，在规定的医疗期内的；

（4）女职工在孕期、产期、哺乳期的；

（5）在本单位连续工作满十五年，且距法定退休年龄不足五年的；

（6）法律、行政法规规定的其他情形。

8. 用人单位单方解除劳动合同，应当事先将理由通知工会。用人单位违反法律、行政法规规定或者劳动合同约定的，工会有权要求用人单位纠正。用人单位应当研究工会的意见，并将处理结果书面通知工会。

9. 有下列情形之一的，劳动合同终止：

（1）劳动合同期满的；

（2）劳动者开始依法享受基本养老保险待遇的；

（3）劳动者死亡，或者被人民法院宣告死亡或者宣告失踪的；

（4）用人单位被依法宣告破产的；

（5）用人单位被吊销营业执照、责令关闭、撤销或者用人单位决定提前解散的；

（6）法律、行政法规规定的其他情形。

10. 劳动合同期满，有《劳动合同法》第四十二条规定情形之一的，劳动合同应当续延至相应的情形消失时终止。但是，《劳动合同法》第四十二条第二项规定丧失或者部分丧失劳动能力劳动者的劳动合同的终止，按照国家有关工伤保险的规定执行。

11. 有下列情形之一的，用人单位应当向劳动者支付经济补偿：

（1）劳动者依照《劳动合同法》第三十八条规定解除劳动合同的；

（2）用人单位依照《劳动合同法》第三十六条规定向劳动者提出解除劳动合同并与劳动者协商一致解除劳动合同的；

（3）用人单位依照《劳动合同法》第四十条规定解除劳动合同的；

（4）用人单位依照《劳动合同法》第四十一条第一款规定解除劳动合同的；

（5）除用人单位维持或者提高劳动合同约定条件续订劳动合同，劳动者不同意续订的情形外，依照《劳动合同法》第四十四条第一项规定终止固定期限劳动合同的；

（6）依照《劳动合同法》第四十四条第四项、第五项规定终止劳动合同的；

（7）法律、行政法规规定的其他情形。

12. 经济补偿按劳动者在本单位工作的年限，每满一年支付一个月工资的标准向劳动者支付。六个月以上不满一年的，按一年计算；不满六个月的，向劳动者支付半个月工资的经济补偿。

劳动者月工资高于用人单位所在直辖市、设区的市级人民政府公布的本地区上年度职工月平均工资三倍的，向其支付经济补偿的标准按职工月平均工资三倍的数额支付，向其支付经济补偿的年限最高不超过十二年。

本条所称月工资是指劳动者在劳动合同解除或者终止前十二个月的平均工资。

13. 用人单位违反本法规定解除或者终止劳动合同，劳动者要求继续履行劳动合同的，用人单位应当继续履行；劳动者不要求继续履行劳动合同或者劳动合同已经不能继续履行的，用人单位应当依照《劳动合同法》第八十七条规定支付赔偿金。

14. 用人单位违反《劳动合同法》规定解除或者终止劳动合同的，应当依照《劳动合同法》第四十七条规定的经济补偿标准的二倍向劳动者支付赔偿金。

2.2 劳动争议

2.2.1 劳动争议概述

劳动争议是劳动关系当事人之间因劳动的权利与义务发生分歧而引起的争议，又称劳动纠纷。其中有的属于既定权利的争议，即因适用劳动法和劳动合同、集体合同的既定内容而发生的争议；有的属于要求新的权利而出现的争议，是因制定或变更劳动条件而发生的争议。

劳动争议发生后，当事人应当协商解决；不愿协商或协商不成的，可以向企业劳动争议调解委员会申请调解；调解不成的，可以向劳动争议仲裁委员会申请仲裁。当事人也可以不经调解直接向劳动争议仲裁委员会申请仲裁。对仲裁结果不服的，可以向人民法院提起诉讼。

1. 劳动争议处理范围

根据《中华人民共和国劳动争议调解仲裁法》（以下简称《劳动争议调解仲裁法》）第二条规定，劳动争议处理的范围包括以下六个方面的内容：

（1）因确认劳动关系发生的争议；

（2）因订立、履行、变更、解除和终止劳动合同发生的争议；

（3）因除名、辞退和辞职、离职发生的争议；

（4）因工作时间、休息休假、社会保险、福利、培训以及劳动保护发生的争议；

（5）因劳动报酬、工伤医疗费、经济补偿或者赔偿金等发生的争议；

（6）法律、法规规定的其他劳动争议。

2. 劳动争议处理方式

（1）协商。《劳动争议调解仲裁法》第四条规定："发生劳动争议，劳动者可以与用人单位协商，也可以请工会或者第三方共同与用人单位协商，达成和解协议。"

（2）调解。根据《劳动争议调解仲裁法》第五条规定："发生劳动争议，当事人不愿协商、协商不成或者达成和解协议后不履行的，可以向调解组织申请调解；不愿调解、调解不成或者达成调解协议后不履行的，可以向劳动争议委员会申请仲裁；对仲裁裁决不服的，除本法另有规定的外，可以向人民法院提起诉讼。"

（3）仲裁与诉讼。关于劳动争议仲裁和劳动争议诉讼的详细内容，将在本章 2.2.3 小节和 2.2.4 小节具体阐述。

3. 劳动争议处理的证据

发生劳动争议时，劳动争议当事人的证据主要包括劳动合同、职工手册和其他证据。

（1）劳动合同。劳动合同是主要证据，劳动合同中一般都明确了各方的权利和义务等内容。因此，劳动合同应该以书面形式，对法律规定中不清楚的方面进行补充。

（2）职工手册。职工手册的相关内容要遵守法律和行政法规的要求，主要包括职工的不当行为、工作要求以及职工相关的福利等内容。

（3）其他证据。用于劳动争议的证据还应包括解聘函、工资签收单、病假的证明材料、医院的处方等。其中，解聘函一般是提前 30 天作出并通知职工，诉讼的时效与解聘函有直接关系，是劳动争议的有效证据之一。

2.2.2 争议协商调解

劳动争议协商，指劳动争议发生后，当事人就争议事项进行协商，在自愿、互谅的基础上达成和解协议，快速、简洁地解决争议的方法。而劳动争议调解，是指劳动争议调解委员会对发生的劳动争议，在查明事实、分清是非、明确责任的基础上，依照国家劳动法律法规，以及依法制定的企业规章和劳动合同，通过民主协商的方式，推动双方互谅互让，达成协议，解决争议的一种活动。

《劳动争议调解仲裁法》第四条规定："发生劳动争议，劳动者可以与用人单位协商，也可以请工会或者第三方共同与用人单位协商，达成和解协议。"

同时该法第五条规定："发生劳动争议，当事人不愿协商、协商不成或者达成和解协议后不履行的，可以向调解组织申请调解；不愿调解、调解不成或者达成调解协议后不履行的，可以向劳动争议仲裁委员会申请仲裁；对仲裁裁决不服的，除本法另有规定的外，可以向人民法院提起诉讼。"

根据上述法律规定可知，协商解决并不是劳动争议解决的必经程序，不愿协商或者协商不成的，不愿调解或调解不成的，当事人有权申请仲裁甚至诉讼程序。

调解虽然不是劳动争议处理的必经程序，但却是劳动争议处理中的“第一道防线”，是我国劳动争议处理的重要组成部分。在现实中，出于缓和与职工之间的矛盾、维护良好形象、避免对簿公堂、快速妥善解决争议等原因，在发生劳动争议后，大多数用人单位还是优选协商调解这一方式。

1. 劳动争议的处理程序

发生劳动争议后，用人单位或职工当事人可选择如图 2—5 所示的程序进行处理。

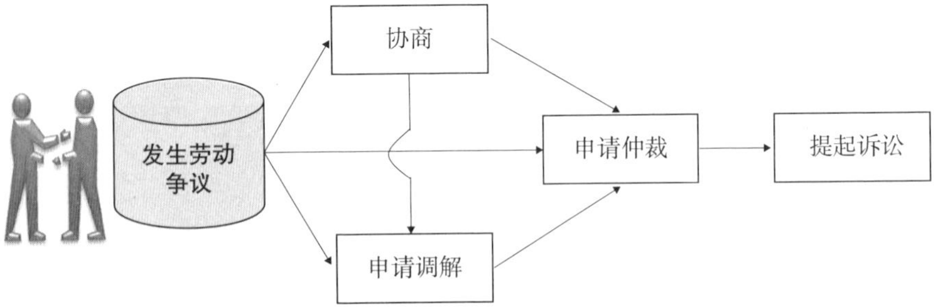

图2—5　劳动争议的处理程序

2. 劳动争议的协商调解原则

《劳动争议调解仲裁法》第三条规定：“解决劳动争议，应当根据事实，遵循合法、公正、及时、着重调解的原则，依法保护当事人的合法权益。”

具体来说，用人单位必须把握如图 2—6 所示的四大原则，做好劳动争议协商调解工作。

3. 劳动争议调解组织

根据《劳动争议调解仲裁法》第十条规定，可以进行劳动争议调解的组织有三种，具体如图 2—7 所示。

4. 劳动争议的调解程序

根据《劳动争议调解仲裁法》第十二条、第十三条、第十四条及第十五条规定，劳动争议的调解程序如下所示。

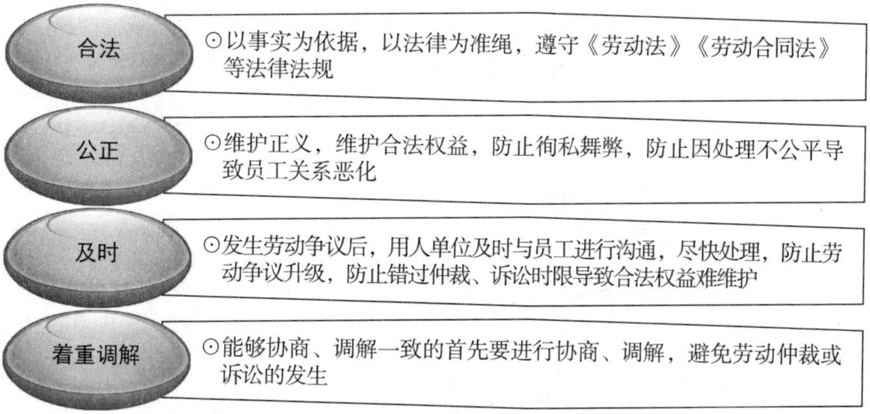

图2—6　劳动争议协商调解四大原则

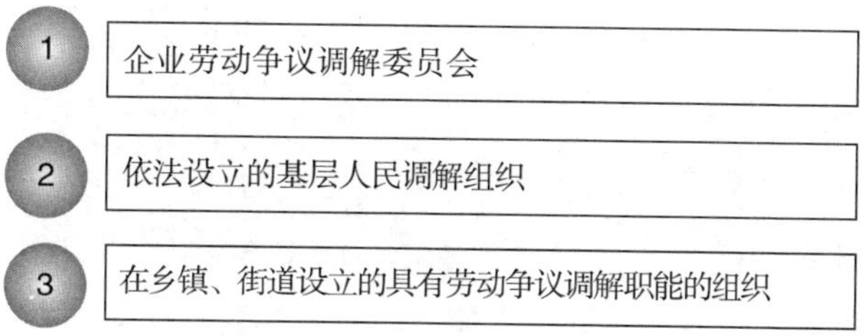

图2—7　劳动争议调解组织

（1）劳动争议一方当事人以书面申请或口头申请的方式向劳动争议调解组织申请调解。

（2）劳动争议调解组织收到劳动争议调解申请后，应及时指派调解员对劳动争议进行全面调查，听取双方当事人对事实和理由的陈述，做好笔录并签名或盖章。

（3）劳动争议调解组织在查明事实、分清是非的基础上，依照有关劳动法律法规、用人单位规章制度和劳动合同等，耐心疏导，公正调解，帮助其达成协议。

（4）经调解达成协议的，劳动争议调解组织制作一式三份的调解协议书，协议书应写明双方当事人的姓名（单位、法定代表人）、职务、争议事项、调解结果及其他需说明的事项，并由双方当事人签名或盖章，经调解员签名并加盖调解组织印章后生效。调解协议书签订后，对双方当事人具有约束力，双方当事人应自觉履行协议内容。自劳动争议调解组织收到调解申请之日起 15 日内未达成调解协议的，当事人可以依法申请仲裁。

2.2.3 劳动争议仲裁

劳动争议仲裁是劳动争议仲裁机构根据劳动争议当事人一方或双方的申请，依法就劳动争议的事实和当事人应承担的责任作出判断和裁决的活动。

1. 劳动争议仲裁委员会

根据《劳动争议调解仲裁法》第十九条规定："劳动争议仲裁委员会由劳动行政部门代表、工会代表和企业方面代表组成。劳动争议仲裁委员会组成人员应当是单数。"劳动争议仲裁委员会下设办事机构，负责办理劳动争议仲裁委员会的日常工作。

劳动争议仲裁委员会依法履行如图 2—8 所示的职责。

1. 聘任、解聘专职或者兼职仲裁员
2. 受理劳动争议案件
3. 讨论重大或者疑难的劳动争议案件
4. 对仲裁活动进行监督

图2—8 劳动争议仲裁委员会的职责

第二十条规定："劳动争议仲裁委员会应当设仲裁员名册。仲裁员应当公道正派并符合下列条件之一"，具体内容如图 2—9 所示。

2. 劳动争议仲裁地点

《劳动争议调解仲裁法》第二十一条规定："劳动争议仲裁委员会负责管辖本区域内发生的劳动争议。劳动争议由劳动合同履行地或者用人单位所在地的劳动争议仲裁委员会管辖。双方当事人分别向劳动合同履行地和用人单位所在地的劳动争议仲裁委员会申请仲裁的，由劳动合同履行地的劳动争议仲裁委员会管辖。”

1. 曾任审判员的
2. 从事法律研究、教学工作并具有中级以上职称的
3. 具有法律知识、从事人力资源管理或者工会等专业工作满5年的
4. 律师执业满3年的

图2—9　仲裁员需要符合的条件

3. 劳动争议仲裁申请和受理

根据《劳动争议调解仲裁法》第二十八条规定：“申请人申请仲裁应当提交书面仲裁申请，并按照被申请人人数提交副本。书写仲裁申请确有困难的，可以口头申请，由劳动争议仲裁委员会记入笔录，并告知对方当事人。”

仲裁申请书应当载明下列事项，具体内容如图 2—10 所示。

1. 劳动者的姓名、性别、年龄、职业、工作单位和住所，用人单位的名称、住所和法定代表人或者主要负责人的姓名、职务
2. 仲裁请求和所根据的事实、理由
3. 证据和证据来源、证人姓名和住所

图2—10　仲裁申请书需要载明的事项

《劳动争议调解仲裁法》第二十九条规定：“劳动争议仲裁委员会收到仲裁申请之日起五日内，认为符合受理条件的，应当受理，并通知申请人；认为不符合受理条件的，应当书面通知申请人不予受理，并说明理由。对劳动争议仲裁委员会不予受理或者逾期未作出决定的，申请人可以就该劳动争议事项向人民法院提起诉讼。”

第三十条规定：“劳动争议仲裁委员会受理仲裁申请后，应当在五

日内将仲裁申请书副本送达被申请人。被申请人收到仲裁申请书副本后，应当在十日内向劳动争议仲裁委员会提交答辩书。劳动争议仲裁委员会收到答辩书后，应当在五日内将答辩书副本送达申请人。被申请人未提交答辩书的，不影响仲裁程序的进行。”

4. 劳动争议仲裁开庭与裁决

根据《劳动争议调解仲裁法》第三十一条规定：“劳动争议仲裁委员会裁决劳动争议案件实行仲裁庭制。仲裁庭由三名仲裁员组成，设首席仲裁员。简单劳动争议案件可以由一名仲裁员独任仲裁。”

第三十二条规定：“劳动争议仲裁委员会应当在受理仲裁申请之日起五日内将仲裁庭的组成情况书面通知当事人。”

第三十五条规定：“仲裁庭应当在开庭五日前，将开庭日期、地点书面通知双方当事人。当事人有正当理由的，可以在开庭三日前请求延期开庭。是否延期，由劳动争议仲裁委员会决定。”

第三十七条规定：“仲裁庭对专门性问题认为需要鉴定的，可以交由当事人约定的鉴定机构鉴定；当事人没有约定或者无法达成约定的，由仲裁庭指定的鉴定机构鉴定。根据当事人的请求或者仲裁庭的要求，鉴定机构应当派鉴定人参加开庭。当事人经仲裁庭许可，可以向鉴定人提问。”

第三十八条规定：“当事人在仲裁过程中有权进行质证和辩论。质证和辩论终结时，首席仲裁员或者独任仲裁员应当征询当事人的最后意见。”

第四十条规定：“仲裁庭应当将开庭情况记入笔录。当事人和其他仲裁参加人认为对自己陈述的记录有遗漏或者差错的，有权申请补正。如果不予补正，应当记录该申请。笔录由仲裁员、记录人员、当事人和其他仲裁参加人签名或者盖章。”

第四十三条规定：“仲裁庭裁决劳动争议案件，应当自劳动争议仲裁委员会受理仲裁申请之日起四十五日内结束。案情复杂需要延期的，经劳动争议仲裁委员会主任批准，可以延期并书面通知当事人，但是延长期限不得超过十五日。逾期未作出仲裁裁决的，当事人可以就该劳动争议事项向人民法院提起诉讼。”

5. 劳动仲裁的时效

劳动争议仲裁时效是指劳动争议权利人在法定期间内不行使权利的事实持续至法定期间届满，便丧失胜裁权的制度，即劳动争议权利人需在法定的期限内向劳动争议仲裁机构提出仲裁申请，以获得劳动争议仲裁机构对其合法权益的保护；当相关权利人超过法定期限提出仲裁申请，劳动争议仲裁机构对其合法权益不予保护。《劳动争议调解仲裁法》第二十七条指出：“劳动争议申请仲裁的时效期间为一年”，即劳动争议当事人需在一年的这一法定时限内向劳动争议仲裁机构提出仲裁申请，否则其胜裁权丧失。

劳动者采用仲裁手段维护合法权益及应对仲裁案件时，需注意劳动争议仲裁时效的限制，具体来说需明确以下内容。

（1）仲裁时效期间起始时间确定。《劳动争议调解仲裁法》第二十七条规定：“仲裁时效期间从当事人知道或者应当知道其权利被侵害之日起计算。”此条款表明劳动争议仲裁时效期限的起始时间可概括为两类，即当事人知道其权利被侵害之日和当事人应当知道其权利被侵害之日，具体说明如图 2—11 所示。

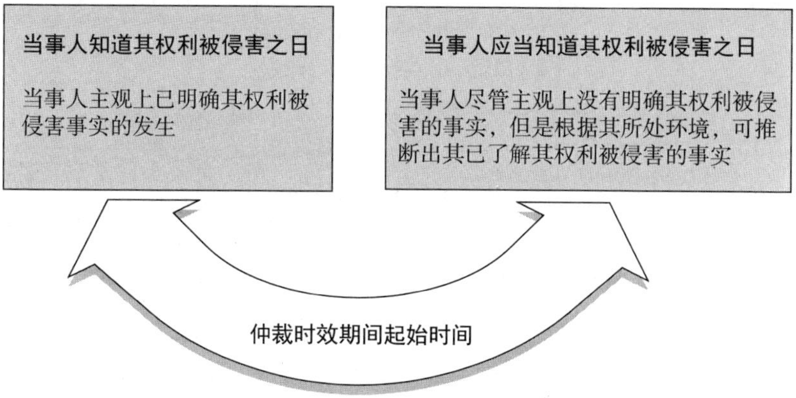

图2—11　仲裁时效期间起始时间说明图

但是需要指出的是，对于劳动关系存续期间因拖欠劳动报酬发生争议的，职工提出仲裁申请的不受《劳动争议调解仲裁法》第二十七条管理仲裁时效期间起始时间的限制，即此情形下的仲裁时效期间起始时间不以“当事人知道或者应当知道其权利被侵害之日”为准。但是，劳动关系终止的，应当自劳动关系终止之日起一年内提出。

（2）仲裁时效中断处理。仲裁时效中断是指在劳动争议仲裁时效进行过程中，因相关法定事由出现而使得已经履行的仲裁时效无效，而在时效中断事由消除后，重新计算仲裁时效的情形。对于仲裁时效中断事由的认定及仲裁时效中断后的处理，《劳动争议调解仲裁法》第二十七条作出以下规定：“前款规定的仲裁时效，因当事人一方向对方当事人主张权利，或者向有关部门请求权利救济，或者对方当事人同意履行义务而中断。从中断时起，仲裁时效期间重新计算。”具体仲裁时效中断事由的说明见表2—3。

表2—3　仲裁时效中断事由说明表

仲裁时效中断事由类别	事由说明	示例
当事人一方向对方当事人主张权利	当事人对对方当事人作出的相关处理有异议而明确要求对方履行相关义务以维护个人合法权益	职工对用人单位作出的罚款决定不认同，向用人单位提出申诉
当事人一方向有关部门请求权利救济	当事人就劳动争议向相关部门请求权利救济，以维护个人合法权益	职工就薪酬争议向用人单位所在区域的劳动保障部门反映情况，要求相关部门解决争议
对方当事人同意履行义务	对方当事人同意履行相关义务或同意提出的相关要求	用人单位向职工承诺在一个星期内补发所欠的加班工资

（3）仲裁时效中止处理。仲裁时效中止是指在劳动争议仲裁时效进行过程中，因法定事由的出现而导致仲裁时效计算停止，并在时效中止事由消除后，继续计算仲裁时效的情形。对于仲裁时效中止法定

事由的认定及仲裁时效中止后的相关处理，《劳动争议调解仲裁法》第二十七条进行了明确规定："因不可抗力或者有其他正当理由，当事人不能在本条第一款规定的仲裁时效期间申请仲裁的，仲裁时效中止。从中止时效的原因消除之日起，仲裁时效期间继续计算"。具体仲裁时效中止事由的说明见表2—4。

表2—4　仲裁时效中止事由说明表

仲裁时效中止事由类别	事由说明
不可抗力	◎《中华人民共和国民法通则》第一百五十三条将不可抗力规定为"不能预见、不能避免并不能克服的客观情况"，如发生地震、洪水等
其他正当理由	◎无民事行为能力或者限制民事行为能力劳动者的法定代理人未确定，该事由依据《劳动人事争议仲裁办案规则》第十一条规定 ◎劳动争议当事人向企业劳动争议调解委员会提出调解申请，该事由依据《关于贯彻执行〈中华人民共和国劳动法〉若干问题的意见》第八十九条规定 ◎劳动争议仲裁委员会的办事机构对未予受理的仲裁申请逐件向仲裁委员会报告并说明情况，仲裁委员会受理审查期间，该事由依据《关于贯彻执行〈中华人民共和国劳动法〉若干问题的意见》第九十条规定 ◎法定代理人死亡、丧失代理权 ◎劳动争议当事人因患重大疾病而影响权利行使等

6. 劳动仲裁的注意事项

（1）《劳动争议调解仲裁法》第十七条规定："劳动争议仲裁委员会按照统筹规划、合理布局和适应实际需要的原则设立。省、自治区人民政府可以决定在市、县设立；直辖市人民政府可以决定在区、县设立。直辖市、设区的市也可以设立一个或者若干个劳动争议仲裁委员会。劳动争议仲裁委员会不按行政区划层层设立。"

（2）《劳动争议调解仲裁法》第十八条规定："国务院劳动行政部门依照本法有关规定制定仲裁规则。省、自治区、直辖市人民政府劳动行政部门对本行政区域的劳动争议仲裁工作进行指导。”

（3）《劳动争议调解仲裁法》第二十四条规定：“当事人可以委托代理人参加仲裁活动。委托他人参加仲裁活动，应当向劳动争议仲裁委员会提交有委托人签名或者盖章的委托书，委托书应当载明委托事项和权限。”

（4）《劳动争议调解仲裁法》第二十五条规定：“丧失或者部分丧失民事行为能力的劳动者，由其法定代理人代为参加仲裁活动；无法定代理人的，由劳动争议仲裁委员会为其指定代理人。劳动者死亡的，由其近亲属或者代理人参加仲裁活动。”

（5）《劳动争议调解仲裁法》第三十三条规定：“仲裁员有下列情形之一，应当回避，当事人也有权以口头或者书面方式提出回避申请。”具体内容如图2—12所示。

1. 本案当事人或者当事人、代理人的近亲属的
2. 与本案有利害关系的
3. 与本案当事人、代理人有其他关系，可能影响公正裁决的
4. 私自会见当事人、代理人，或者接受当事人、代理人的请客送礼的

图2—12　仲裁员回避的情形

2.2.4　劳动争议诉讼

1. 劳动争议诉讼的含义

劳动争议诉讼是劳动争议当事人对劳动争议裁决结果不满意，而在规定时间内向人民法院起诉的行为。

2. 劳动争议诉讼的适用情形

在我国现行的法律体系中，劳动争议实行先裁后审制度，即劳动争议仲裁是劳动争议诉讼的前置程序，对于未经过仲裁的劳动争议申

诉案件，人民法院不予受理。

先裁后审主要包括两种情形，即确实经过仲裁前置程序的情形和视为经过仲裁前置程序的情形。具体说明如下。

（1）确实经过仲裁前置程序的情形。确实经过仲裁前置程序的情形即劳动争议当事人向劳动争议仲裁委员会提出仲裁申请，而劳动争议仲裁委员会对劳动争议当事人申请的案件作出裁决。在此情形下，当劳动争议当事人对裁决结果不满意时，可向人民法院提出诉讼，具体说明见表 2—5。

表2—5　劳动争议诉讼提起情形说明表

情形	情形说明	备注
劳动争议当事人对终局裁决结果不满	◎劳动者对裁决结果不满意时，即可根据《劳动争议调解仲裁法》第四十八条的规定在收到仲裁裁决书之日起十五日内向人民法院提起诉讼	
	◎用人单位有证据证明终局裁决结果存在下述问题时，可根据《劳动争议调解仲裁法》第四十九条的规定，在收到仲裁裁决书之日起三十日内向劳动争议仲裁委员会所在地的中级人民法院申请撤销裁决 （1）适用法律、法规确有错误的； （2）劳动争议仲裁委员会无管辖权的； （3）违反法定程序的； （4）裁决所根据的证据是伪造的； （5）对方当事人隐瞒了足以影响公正裁决的证据的； （6）仲裁员在仲裁该案时有索贿受贿、徇私舞弊、枉法裁决行为的 仲裁裁决被人民法院裁定撤销的，当事人可以自收到裁定书之日起 15 日内就该劳动争议事项向人民法院提起诉讼	终局裁决主要指《劳动争议调解仲裁法》第四十七条所规定的情形，即“下列劳动争议，除本法另有规定的外，仲裁裁决为终局裁决，裁决书自作出之日起发生法律效力： （1）追索劳动报酬、工伤医疗费、经济补偿或者赔偿金，不超过当地月最低工资标准 12 个月金额的争议； （2）因执行国家的劳动标准在工作时间、休息休假、社会保险等方面发生的争议”
	◎劳动争议当事人对于非终局裁决的劳动争议案件的仲裁裁决不服时，可在收到仲裁裁决书之日起十五日内向人民法院提出诉讼	《劳动争议调解仲裁法》第五十条

（2）视为经过仲裁前置程序的情形。视为经过仲裁前置程序的情形是指劳动争议当事人向劳动争议仲裁机构提出仲裁申请，但劳动争议仲裁机构对相关案件不予受理或未在规定时间内作出裁决的情形。在此情形下，劳动争议当事人可依《劳动争议调解仲裁法》第二十九条、第四十三条的相关规定向人民法院提出诉讼。

第二十九条规定："劳动争议仲裁委员会收到仲裁申请之日起五日内，认为符合受理条件的，应当受理，并通知申请人；认为不符合受理条件的，应当书面通知申请人不予受理，并说明理由。对劳动争议仲裁委员会不予受理或者逾期未作出决定的，申请人可以就该劳动争议事项向人民法院提起诉讼。"

第四十三条规定："仲裁庭裁决劳动争议案件，应当自劳动争议仲裁委员会受理仲裁申请之日起四十五日内结束。案情复杂需要延期的，经劳动争议仲裁委员会主任批准，可以延期并书面通知当事人，但是延长期限不得超过十五日。逾期未作出仲裁裁决的，当事人可以就该劳动争议事项向人民法院提起诉讼。仲裁庭裁决劳动争议案件时，其中一部分事实已经清楚，可以就该部分先行裁决。"

3. 劳动争议诉讼时效

劳动争议诉讼时效是指相关权利人在法定期间内不行使权利的事实至法定期间届满即丧失胜诉权的制度，即权利人未在法定时限内提前上诉的，法律对其合法权利不予保护。对于劳动争议诉讼时效，《劳动争议调解仲裁法》作出了明确的规定。具体说明如下。

第四十八条规定："劳动者对本法第四十七条规定的仲裁裁决不服的，可以自收到仲裁裁决书之日起十五日内向人民法院提起诉讼。"

第四十九条规定："用人单位有证据证明本法第四十七条规定的仲裁裁决有下列情形之一，可以自收到仲裁裁决书之日起三十日内向劳动争议仲裁委员会所在地的中级人民法院申请撤销裁决：

（1）适用法律、法规确有错误的；

（2）劳动争议仲裁委员会无管辖权的；

（3）违反法定程序的；

（4）裁决所根据的证据是伪造的；

（5）对方当事人隐瞒了足以影响公正裁决的证据的；

（6）仲裁员在仲裁该案时有索贿受贿、徇私舞弊、枉法裁决行为的。

人民法院经组成合议庭审查核实裁决有前款规定情形之一的，应当裁定撤销。仲裁裁决被人民法院裁定撤销的，当事人可以自收到裁定书之日起十五日内就该劳动争议事项向人民法院提起诉讼。”

第五十条规定：“当事人对本法第四十七条规定以外的其他劳动争议案件的仲裁裁决不服的，可以自收到仲裁裁决书之日起十五日内向人民法院提起诉讼；期满不起诉的，裁决书发生法律效力。”

即学即用

1. 阅读你与企业所签订的劳动合同，它是哪种形式的劳动合同？结合你所学的劳动合同知识，谈谈你对劳动合同的认识。

2. 若你与用人单位产生劳动争议，你将如何做？

3. 姜某与一家公司签订了两年的劳动合同，根据合同规定，有一个月的试用期。试用期快结束的时候，公司要求和姜某解除合同。

请问，姜某可以要求经济补偿金吗？

第3章

社会保险

3.1 社会保险简介

3.1.1 社会保险概述

社会保险是国家通过立法建立的一种社会保障制度，目的在于使劳动者因为年老、患病、生育、伤残、失业、死亡等原因而暂时中断劳动，或者永久丧失劳动能力不能获得劳动报酬，本人和供养的家属失去生活来源时，能够从社会（国家）获得物质帮助。国家举办社会保险事业，是国家对劳动者履行的社会责任，也是劳动者应该享受的基本权利。《中华人民共和国劳动法》第七十二条规定："用人单位和劳动者必须依法参加社会保险，缴纳社会保险费。"

1. 社会保险的险种

根据社会保险保障的对象和具体情形的不同，社会保险的具体险种有养老保险、医疗保险、失业保险、工伤保险、生育保险五项。

（1）我国养老保险制度。养老保险（养老保险制度）是社会保障制度的重要组成部分，是社会保险五大险种中最重要的险种之一。养老保险是国家和社会根据一定的法律和法规，为解决劳动者在达到国家规定的解除劳动义务的劳动年龄界限，或因年老丧失劳动能力，退出劳动岗位后的基本生活需要而建立的一种社会保障制度。

我国实行的是中国特色的多层次的养老保险制度，这是因为我国是一个发展中国家，不仅人口多、底子薄，而且地区间经济发展不平衡，应当允许不同地区、不同企业之间的养老保险水平在国家统一政策指导下存在一定差别；同时，建立多层次养老保险体系可以减轻国家基本养老保险负担，适应不同经济条件的企业的需要，满足职工不同层次、不同水准的多种保障需求的需要，使养老保险制度更好地起到保障生活和安定社会的作用。

（2）我国医疗保险制度。医疗保险就是当人们生病或受到伤害后，由国家和社会给予的一种物质帮助，即提供医疗服务或经济补偿的一种社会保障制度。

医疗保险费由用人单位和个人共同缴纳。《国务院关于建立城镇职工基本医疗保险制度的决定》明确规定："用人单位缴费率应控制在职工工资总额的6%左右，职工缴费率一般为本人工资收入的2%。随着经济发展，用人单位和职工缴费率可作相应调整。"

参加基本医疗保险最大的好处是实行社会统筹，具备共济性，增强了抗风险能力，保障了职工的基本医疗需求；第二个好处是能让参保人自主选择定点医疗机构和定点零售药店；第三个好处是设计了归个人所有的个人医疗账户，个人账户在规定范围内可自由支配，在不发生医疗费用的时间里，可为参保人积蓄一定的资金，并可依法继承；第四个好处是实行了社会网络化管理，一方面加强了医疗费用的监控，使医疗过程更加合理，另一方面就医时发生的医疗费，除个人支付的自付部分，其余部分均可由医疗保险经办机构与医疗机构进行网上结算，既减轻了参保人的负担，又提供了方便快捷的服务。

（3）我国失业保险制度。失业保险是社会保险制度的基本内容之一，是指通过国家立法强制执行的，在劳动者由于非本人原因而失去工作、收入，中止或失去生活来源时，从国家和社会获得帮助的一种社会保障制度。其实施的主要目的是确保暂时失业人员的基本生活，促进再就业，维护社会稳定与和谐。

失业保险是在法定范围内的劳动者因失业而丧失经济来源时，按法定时限保障其基本生活需求的社会保险项目。这一概念的界定包括三层含义。

其一，失业保险是针对劳动者而言的，非本人意愿中断就业的。

其二，有法定时限。

其三，失业保险是以社会保险为手段达到保障目的的。

根据有关法律规定，具备下列条件的失业人员，可以领取失业保险金：按照规定参加失业保险，所在单位和本人已按照规定履行缴费义务满一年的；非因本人意愿中断就业的；已办理失业登记，并有求职要求的。失业人员符合上述条件的，可以申请领取失业保险金，享受其他失业保险待遇。其中，“非因本人意愿中断就业的”是指下列人员：终止劳动合同的，被用人单位解除劳动合同的，被用人单位开除、除名和辞退的，根据《中华人民共和国劳动法》第三十二条第二、第三项与用人单位解除劳动合同的，法律、行政法规另有规定的。

失业保险金的领取流程是：失业人员应在终止或者解除劳动合同之日起60日内到受理其单位失业保险业务的经办机构申领失业保险金；失业人员申领失业保险金应填写《失业保险金申领表》，并出示下列证明材料：本人身份证明、所在单位出具的终止或者解除劳动合同的证明、失业登记及求职证明、省级劳动保障行政部门规定的其他材料。

（4）我国工伤保险制度。在生产劳动过程中由于生产工具的使用不当，或劳动条件和劳动环境等因素，尤其是机器的使用和化学工业的发展以及先进科学技术的广泛应用，在工业化、城市化步伐加快，交通、建筑等工业高速发展的同时，不可避免地给劳动者增加了职业伤害的危险。

工伤保险也称职业伤害保险，是指劳动者在生产劳动和其他工作过程中遭受意外伤害或患职业病后，由国家和社会向暂时或永久丧失劳动能力的劳动者本人以及死者遗属提供必要物质保障的一种社会保障制度。实行工伤保险制度，对于维护劳动者基本权益，保持社会稳定，促进经济发展与社会进步都具有十分重要的意义。

（5）我国生育保险制度。生育保险是国家通过社会保险立法，对生育职工给予经济、物质等方面帮助的一种社会保障制度。其宗旨在于通过向生育女职工提供生育津贴、产假以及医疗服务等方面的待遇，保障她们在生育期间得到必要的经济补偿和医疗保健，帮助生育女职工恢复劳动能力，重返工作岗位，从而体现国家和社会对妇女在这一特殊时期给予的支持和爱护。

国务院《女职工劳动保护特别规定》规定："女职工产假期间的生育津贴，对已经参加生育保险的，按照用人单位上年度职工月平均工资的标准由生育保险基金支付；对未参加生育保险的，按照女职工产假前工资的标准由用人单位支付。女职工生育或者流产的医疗费用，按照生育保险规定的项目和标准，对已经参加生育保险的，由生育保险基金支付；对未参加生育保险的，由用人单位支付。"

根据原劳动部《企业职工生育保险试行办法》规定，参加生育保险社会统筹的用人单位，应向当地社会保险经办机构缴纳生育保险费。生育保险费的缴费比例由当地人民政府根据计划内生育女职工的生育津贴、生育医疗费支出情况等确定，最高不得超过工资总额的1%，职工个人不缴费。参保单位女职工生育或流产后，其生育津贴和生育医疗费用由生育保险基金支付。生育津贴按照本企业上年度职工月平均工资计发。生育医疗费包括女职工生育或流产的检查费、接生费、手术费、住院费和药费（超出规定的医疗服务费和药费由职工个人负担）以及女职工生育出院后，因生育引起疾病的医疗费。

2. 社会保险的特点

一般来说，社会保险具有下面几个显著的特点：

（1）非营利性。社会保险是非营利性保险，它不以营利为目的，而以实施社会政策为目的。社会保险不以经济效益的高低来决定其项目的取舍和保障水平的高低。如果社会保险财务出现赤字影响其运作，国家财政负有最终责任。

（2）强制性。社会保险属于强制性保险。社会保险的缴费标准和待遇项目、保险金的给付标准等，均由国家或地方的法律、法规统一规定。

（3）普遍保障性。社会保险对于社会所属成员具有普遍的保障责任。不论被保险人的年龄、就业年限、收入水平和健康状况如何，其一旦丧失劳动能力或失业，政府即依法提供收入损失补偿，以保障其基本生活需要，社会保险除了现金支付以外，通常还为劳动者提供医疗护理、伤残康复、职业培训和介绍、老年活动等多方面的服务。

（4）权利与义务的基本对等性。社会保险待遇的给付一般不与个人劳动贡献直接相关联。享受者要做出贡献，但其享受并不是与其贡献完全一致的，其分配制度是以有利于低收入阶层为原则的。因为同样的风险事故，对于低收入劳动者所造成的威胁通常要高于高收入者。

3.1.2 社会保险适用法律法规

各项社会保险适用的法律法规及规范性文件，见表3—1。

表3—1 社会保险适用的法律法规

法律法规名称	颁布单位	实施（试行）日期
《关于建立统一的企业职工基本养老保险制度的决定》	国务院	1997年
《关于建立城镇职工基本医疗保险制度的决定》	国务院	1998年
《失业保险条例》	国务院	1999年
《社会保险费征缴暂行条例》	国务院	1999年
《工伤保险条例》	国务院	2004年（于2010年修订）
《企业职工生育保险试行办法》	劳动部	1995年
《企业职工工伤保险试行办法》	劳动部	1996年（已废止、被《工伤保险条例》替代）
《社会保险登记管理暂行办法》	劳动和社会保障部	1999年
《关于处理工伤争议有关问题的复函》	劳动部办公厅	1996年
《关于职工在工作中遭受他人蓄意伤害是否认定工伤的复函》	劳动和社会保障部办公厅	2000年

3.2 五险一金

3.2.1 养老保险

根据《关于规范社会保险缴费基数有关问题的通知》，基本养老保险一般是以职工上一年度本人月平均工资为基础，缴费基数最高为职工所在地区上年在岗职工月平均工资的 300%，最低为职工所在地区上年在岗职工月平均工资的 60%（对于个别地区最低缴费基数会有所不同）。各地区每年在相对固定的时间会公布上年在岗职工月平均工资，以便用人单位将其作为社保缴纳和工资发放的参考或依据。

3.2.2 医疗保险

我国现行医疗保险缴费基数一般以本人工资确定，在职职工本人月工资总额超过本市上年度在职职工月平均工资 300% 的，按本市上年度在岗职工月平均工资的 300% 缴费。月工资总额低于本市上年度在职职工月平均工资 60% 的，按本市上年度在岗职工月平均工资的 60% 缴费。因各地区实际情况不同，因此具体缴费基数根据本地实际情况确定。缴费基数一旦确定，一年内不能改变。

我国法律要求用人单位必须按照规定为职工办理、缴纳医疗保险费，但并未对医疗保险缴费比例进行统一规定，各省市可以根据本地医疗保险规定执行。但一般都是由用人单位与职工本人共同缴纳。

3.2.3 失业保险

失业保险是五项社会保险之一，由用人单位跟职工共同缴纳。各地的缴费比例都不尽相同。

《失业保险条例》第六条规定："城镇企业事业单位按照本单位工

资总额的 2% 缴纳失业保险费。城镇企业事业单位职工按照本人工资的 1% 缴纳失业保险费。城镇企业事业单位招用的农民合同制工人本人不缴纳失业保险费。”

2015 年,《关于调整失业保险费率有关问题的通知》对失业保险缴费比例进行了调整，具体规定为:“从 2015 年 3 月 1 日起，失业保险费率暂由现行条例规定的 3% 降至 2%，单位和个人缴费的具体比例由各省、自治区、直辖市人民政府确定。在省、自治区、直辖市行政区域内，单位及职工的费率应当统一。”

由此可知，用人单位失业保险缴费基数为本单位工资总额，职工失业保险缴纳基数为本人工资，用人单位和职工个人总计的缴费比例为 2%，各地区根据情况进行确定，农民工不缴纳失业保险费。

人力资源社会保障部、财政部《关于阶段性降低社会保险费率的通知》(人社部发〔2016〕36 号)规定，从 2016 年 5 月 1 日起失业保险总费率在 2015 年已降低 1 个百分点基础上可以阶段性降至 1%~1.5%，其中个人费率不超过 0.5%。

3.2.4 工伤保险

《中华人民共和国社会保险法》第三十三条规定:“职工应当参加工伤保险，由用人单位缴纳工伤保险费，职工不缴纳工伤保险费。”

因此用人单位需要按照规定缴费比例缴纳工伤保险费，职工个人不需要缴纳工伤保险费，即其缴费比例为 0。

《中华人民共和国社会保险法》第三十五条规定:“用人单位应当按照本单位职工工资总额，根据社会保险经办机构确定的费率缴纳工伤保险费。”由此可知工伤保险的缴费基数为本单位职工工资总额。

《工伤保险条例》第八条规定:“工伤保险费根据以支定收、收支平衡的原则，确定费率。国家根据不同行业的工伤风险程度确定行业的差别费率，并根据工伤保险费使用、工伤发生率等情况在每个行业内确定若干费率档次。行业差别费率及行业内费率档次由国务院社会保险行政部门制定，报国务院批准后公布施行。统筹地区经办机构根据用人单位工伤保险费使用、工伤发生率等情况，适用所属行业内相应的费率档次确定单位缴费费率。”由此可知，不同行业的工伤保险缴费比例是不相同的。各地区在确定本地区的工伤保险缴费比例时也可根据本地区的情况，在行业内相应的费率档次内确定工伤保险缴费比例。

《关于调整工伤保险费率政策的通知》(人社部发〔2015〕71号)中对行业的差别费率及行业内费率档次进行了进一步的规定，具体规定见表3—2。

表3—2　行业的差别费率及行业内费率档次规定

项目	具体规定
行业工伤风险分类	◎按照《国民经济行业分类》(GB/T 4754—2011*)对行业的划分，根据不同行业的工伤风险程度，由低到高，依次将行业工伤风险类别划分为一类至八类
行业的差别费率	◎各行业工伤风险类别对应的全国工伤保险行业基准费率为：一类至八类分别控制在该行业用人单位职工工资总额的0.2%、0.4%、0.7%、0.9%、1.1%、1.3%、1.6%、1.9%左右
行业内费率档次	◎通过费率浮动的办法确定每个行业内的费率档次 ◎一类行业分为三个档次，即在基准费率的基础上，可向上浮动至120%、150% ◎二类至八类行业分为五个档次，即在基准费率的基础上，可分别向上浮动至120%、150%或向下浮动至80%、50%
备注：统筹地区工伤保险最低费率不低于本地区一类风险行业基准费率	

*：现行标准为《国民经济行业分类》(GB/T 4754—2017)

3.2.5　生育保险

我国并未对生育保险缴费基数进行统一规定，但是各地区基本都是按照上限为上年度职工平均工资的300%，下限为上年度职工平均工资的60%执行。

3.2.6 住房公积金

住房公积金，是指国家机关和事业单位、国有企业、城镇集体企业、外商投资企业、城镇私营企业及其他城镇企业和事业单位、民办非企业单位、社会团体及其在职职工，对等缴存的长期住房储蓄。

1. 住房公积金的缴存基数

《住房公积金管理条例》第十六条规定："职工住房公积金的月缴存额为职工本人上一年度月平均工资乘以职工住房公积金缴存比例。单位为职工缴存的住房公积金的月缴存额为职工本人上一年度月平均工资乘以单位住房公积金缴存比例。"

由此可知，职工和用人单位住房公积金的缴纳基数都为职工的上一年度月平均工资。

《住房公积金管理条例》第十七条规定："新参加工作的职工从参加工作的第二个月开始缴存住房公积金，月缴存额为职工本人当月工资乘以职工住房公积金缴存比例。单位新调入的职工从调入单位发放工资之日起缴存住房公积金，月缴存额为职工本人当月工资乘以职工住房公积金缴存比例。"

由此可知，新参加工作和新调入的职工以职工本人当月工资总额为缴费基数。

2. 住房公积金最低缴存比例

《住房公积金管理条例》第十八条规定："职工和单位住房公积金的缴存比例均不得低于职工上一年度月平均工资的5%；有条件的城市，可以适当提高缴存比例。具体缴存比例由住房公积金管理委员会拟订，经本级人民政府审核后，报省、自治区、直辖市人民政府批准。"

由此可知，各地住房公积金缴纳比例都不尽相同。

3. 住房公积金的提取

职工有下列情形之一的，可以提取职工住房公积金账户内的存储余额：

（1）购买、建造、翻建、大修自住住房的；

（2）离休、退休的；

（3）完全丧失劳动能力，并与单位终止劳动关系的；

（4）出境定居的；

（5）偿还购房贷款本息的；

（6）房租超出家庭工资收入的规定比例的。

职工死亡或者被宣告死亡的，职工的继承人、受遗赠人可以提取职工住房公积金账户内的存储余额；无继承人也无受遗赠人的，职工住房公积金账户内的存储余额纳入住房公积金的增值收益。

即学即用

1. 你的五险一金每个月分别是多少？谈谈你对社会保险制度和五险一金的相关法律常识的认识。

2. 王某是外来务工人员，在某酒店从事服务工作。王某与酒店在劳动合同中约定，王某书面承诺不需要酒店为其缴纳社会保险费，酒店每月支付王某社会保险费补贴 200 元。后来，王某听说社会保险费可以全国转移，又要求酒店为其缴纳社会保险费，酒店以有约在先为由予以拒绝。王某以酒店未为其依法缴纳社会保险费为由提出与酒店解除劳动合同，并要求酒店补缴社会保险费和支付经济补偿。

请你结合所学知识，分析一下王某和酒店的行为是否合法，为什么？

第4章

劳动权益

4.1 假务管理

4.1.1 假务权益概述

休息休假是指劳动者在国家规定的法定工作时间外自行支配的时间，包括劳动者每天休息的时数、每周休息的天数、节假日、年休假、探亲假等。它是公民的基本权利之一，受到国家法律法规的保护，与之相关的法律法规较多，常见的有如下几个。

1. 宪法

《中华人民共和国宪法》第四十三条中规定："中华人民共和国劳动者有休息的权利。国家发展劳动者休息和休养的设施，规定职工的工作时间和休假制度。"

2. 劳动法

《劳动法》第四章有关于"工作时间和休息休假"的详细规定如下。

第三十六条　国家工时制度

国家实行劳动者每日工作时间不超过八小时、平均每周工作时间不超过四十四小时的工时制度。

第三十七条　报酬标准和劳动定额确定

对实行计件工作的劳动者，用人单位应当根据本法第三十六条规定的工时制度合理确定其劳动定额和计件报酬标准。

第三十八条　休息日最低保障

用人单位应当保证劳动者每周至少休息一日。

第三十九条　工休办法替代

企业因生产特点不能实行本法第三十六条、第三十八条规定的，经劳动行政部门批准，可以实行其他工作和休息办法。

第四十条　法定假日

用人单位在下列节日期间应当依法安排劳动者休假：（一）元旦；（二）春节；（三）国际劳动节；（四）国庆节；（五）法律、法规规定的其他休假节日。

第四十一条　工作时间延长限制

用人单位由于生产经营需要，经与工会和劳动者协商后可以延长工作时间，一般每日不得超过一小时；因特殊原因需要延长工作时间的，在保障劳动者身体健康的条件下延长工作时间每日不得超过三小时，但是每月不得超过三十六小时。

第四十二条　限制的例外

有下列情形之一的，延长工作时间不受本法第四十一条规定的限制：（一）发生自然灾害、事故或者因其他原因，威胁劳动者生命健康和财产安全，需要紧急处理的；（二）生产设备、交通运输线路、公共设施发生故障，影响生产和公众利益，必须及时抢修的；（三）法律、行政法规规定的其他情形。

第四十三条　禁止违法延长工作时间

用人单位不得违反本法规定延长劳动者的工作时间。

第四十四条　延长工时的报酬支付

有下列情形之一的，用人单位应当按照下列标准支付高于劳动者正常工作时间工资的工资报酬：（一）安排劳动者延长工作时间的，支付不低于工资的百分之一百五十的工资报酬；（二）休息日安排劳动者工作又不能安排补休的，支付不低于工资的百分之二百的工资报酬；（三）法定休假日安排劳动者工作的，支付不低于工资的百分之三百的工资报酬。

第四十五条　带薪年休假制度

国家实行带薪年休假制度。劳动者连续工作一年以上的，享受带薪年休假。具体办法由国务院规定。

3. 全国年节及纪念日放假办法

根据自 2014 年起施行的《全国年节及纪念日放假办法》及《劳动法》的规定，我国法定节假日的具体内容见表 4—1。

表4—1　我国法定节假日的具体内容

法定节假日的类型	法定节假日的安排
全体公民放假的节日	1. 元旦，放假一天（1 月 1 日） 2. 春节，放假三天（农历正月初一、初二、初三） 3. 清明节，放假一天（农历清明当日） 4. 劳动节，放假一天（5 月 1 日） 5. 端午节，放假一天（农历端午当日） 6. 中秋节，放假一天（农历中秋当日） 7. 国庆节，放假三天（10 月 1 日、2 日、3 日）
部分公民放假的节日及纪念日	1. 妇女节（3 月 8 日），妇女放假半天 2. 青年节（5 月 4 日），14 周岁以上的青年放假半天 3. 儿童节（6 月 1 日），不满 14 周岁的少年儿童放假一天 4. 中国人民解放军建军纪念日（8 月 1 日），现役军人放假半天
少数民族习惯的节日	由各少数民族聚居地区的地方人民政府，按照该民族习惯，规定放假日期
备注	全体公民放假的假日，如果适逢星期六、星期日，应当在工作日补假。部分公民放假的假日，如果适逢星期六、星期日，则不补假

4.1.2　加班及相关权益

加班是职工日常工作中的常见事项，也是最容易产生劳动纠纷的一个环节。所谓加班，一般指用人单位由于生产经营需要，经与工会和职工协商后，安排职工在法定工作时间以外继续工作的情形。

对加班，职工要了解加班的形式、限制条件与实际工作中的特别事项。

1. 职工加班的形式

职工加班一般包括三种形式，即在两个工作日之间的休息时间加班、在公休日加班及在法定节假日加班。

（1）在两个工作日之间的休息时间加班。两个工作日之间的休息时间是指职工在一个工作日结束后至下一个工作日开始的休息时间。如实行标准工时制的企业职工在下午下班后被公司安排继续工作的，可认定为是在两个工作日之间的休息时间加班。

（2）在公休日加班。公休日即周休息日，又称“工作周之间的休息日”，是指职工工作满一个工作周以后的休息时间。在现实中，用人单位安排职工在周六日加班的情况比较普遍，这种情况即为在公休日加班。

（3）在法定节假日加班。法定节假日是国家法律统一规定的用于开展纪念、庆祝活动的休息时间。用人单位安排职工在法定节假日工作的应算加班，安排职工在非法定的节日及纪念日工作的，不算加班。

2. 职工加班的限制条件

《劳动法》第四十一条规定：“用人单位由于生产经营需要，经与工会和劳动者协商后可以延长工作时间，一般每日不得超过一小时；因特殊原因需要延长工作时间的，在保障劳动者身体健康的条件下延长工作时间每日不得超过三小时，但是每月不得超过三十六小时。”由此可见，法律对用人单位安排职工加班有所限制，具体如下。

（1）程序限制。根据《劳动法》第四十一条规定：“用人单位安排职工加班需要与工会和职工协商，经劳动者同意后方可安排。”

（2）时间限制。根据《劳动法》第四十一条规定：“用人单位延长工作时间，一般每日不得超过一小时；因特殊原因需要延长工作时间的，每日不超过三小时，但是每月不超过三十六小时。”

有关法律也对一些特殊情况进行了规定，这些特殊情况将不受程序及时间的限制。

如《劳动法》第四十二条规定："有下列情形之一的，延长工作时间不受本法第四十一条的限制：

（一）发生自然灾害、事故或者因其他原因，威胁劳动者生命健康和财产安全，需要紧急处理的；

（二）生产设备、交通运输线路、公共设施发生故障，影响生产和公众利益，必须及时抢修的；

（三）法律、行政法规规定的其他情形。"

《〈国务院关于职工工作时间的规定〉的实施办法》（劳部发〔1995〕143号）第七条规定："有下列特殊情形和紧急任务之一的，延长工作时间不受本办法第六条规定的限制：

（一）发生自然灾害、事故或者因其他原因，使人民的安全健康和国家资财遭到严重威胁，需要紧急处理的。

（二）生产设备、交通运输线路、公共设施发生故障，影响生产和公众利益，必须及时抢修的。

（三）必须利用法定节日或公休假日的停产期间进行设备检修、保养的。

（四）为完成国防紧急任务，或者完成上级在国家计划外安排的其他紧急生产任务，以及商业、供销企业在旺季完成收购、运输、加工农副产品紧急任务的。"

对于职工加班法律限制条件的理解，下面以两个具体的案例进行说明。

案例回放

案例1：小杨于2012年10月进入××有限公司，劳动合同中规定公司实行标准工时制度。一天，小杨领导让小杨周六加班，小杨身体有点不适遂拒绝了加班。没想到公司因此给小杨记大过处分，还扣罚两个月效益奖。小杨不服，向当地劳动仲裁机构提出仲裁申请。

经仲裁委员会仲裁，该公司按平均效益奖标准补发小杨的效益奖。

案例2：刘某是某化工厂的技术工人。2013年6月的一天，刘某所在的车间发生设备故障，影响生产，急需抢修。车间主任再三打电话及发短信通知刘某抢修，刘某均以双休日为由拒绝加班。化工厂为防止意外事故发生，被迫停产两天，造成万余元的直接经济损失。于是，化工厂要求刘某赔偿损失，但刘某不服，认为化工厂擅自决定加班属于违法，自己可以不来加班，故不应对化工厂的损失负责。

经仲裁委主持调解，王某一次性赔偿化工厂经济损失3 000元。

依法说案

案例1中，根据《劳动法》第四十一条规定，用人单位安排职工加班，应当及时通知职工并经职工同意。如果职工不同意，用人单位原则上不能强制职工加班。因此，该案例中职工可以拒绝加班，用人单位以此为由进行处罚是没有根据、违法的。

案例2中，根据《劳动法》第四十二条规定，车间发生设备故障需抢修的，其延长工作时间不受劳动法第四十一条规定的限制。即发生此种情况，用人单位虽未与工会和职工本人协商一致，但可以要求职工立即加班，这并不违法。与之对应，刘某拒不按化工厂要求加班则已违反自身的法定义务，给化工厂的生产、经营造成了直接经济损失，用人单位可以结合规章制度的相关规定，对其作出相应的处罚。

（3）对象限制。根据《劳动法》第六十一条规定："用人单位对怀孕七个月以上的女职工，不得安排其延长工作时间和夜班劳动。"根据《劳动法》第六十三条规定："用人单位不得安排女职工在哺乳未满一周岁的婴儿期间延长工作时间和夜班劳动。"

3. 实际工作中的特别事项

在实际工作中，关于加班，职工还要注意以下几个关键点。

（1）约定加班工资计算基数。有的单位为控制加班成本，会事先与职工约定加班工资计算基数，而我国部分地区的地方性法规也允许劳资双方自行约定加班工资的计算基数。

在有地方性法规支持约定加班工资计算基数的情况下，用人单位可将加班工资计算基数设计得低一些，一般来说不低于最低工资标准即可，这样即使职工确实存在加班的话，总的加班费也可适量降低。对这种情况职工要适当了解，对自己的加班权益要做到心中有数。

（2）明确企业的考勤方式。在现实中，考勤方式主要有签到表签到、指纹打卡机打卡、考勤软件打卡等。用人单位不管采用何种考勤方式，都应在考勤制度中予以明确并强调此种方式是本单位记录职工出勤的唯一方式，在非经本单位允许的情况下，排除职工以其他方式记录出勤的情况。有些用人单位在考勤制度中还约定下班后必须打卡签退，以此来督促职工按时打卡。对此，职工要有所了解，对自己的考勤要定期观看，以防系统漏记。

（3）公休日加班可安排补休。《劳动法》第四十四条规定："有下列情形之一的，用人单位应当按照下列标准支付高于劳动者正常工作时间工资的工资报酬：

（一）安排劳动者延长工作时间的，支付不低于工资的百分之一百五十的工资报酬。

（二）休息日安排劳动者工作又不能安排补休的，支付不低于工资的百分之二百的工资报酬。

（三）法定休假日安排劳动者工作的，支付不低于工资的百分之三百的工资报酬。"

《劳动法》第四十四条规定，休息日安排劳动者加班工作的，应首先安排补休，不能补休时，则应支付不低于工资的百分之二百的工资报酬。补休时间应等同于加班时间。法定休假日安排劳动者加班工作的，应另外支付不低于工资的百分之三百的工资报酬，一般不安排补休。

由上述法律规定可知，即使实施轮班制的用人单位，若轮班时正好是法定节假日的，同样应被视为加班，需支付加班工资，一般不得安排补休。

具体来说，针对不同类型的加班，用人单位在安排加班调休时通常遵循以下要点，如图 4—1 所示。

加班类型	可否以补休代替加班费	加班费支付标准
两个工作日之间的休息时间加班	不可以，法律没有规定可以补休	◎工资的1.5倍
公休日加班	可以，法律有明确规定可以补休	◎工资的2倍
法定节假日加班	不可以，法律有明确规定不可以安排补休	◎工资的3倍

图4—1　加班调休要点

案例回放

胡某在一塑料加工厂工作，该公司实行“四班三倒”制，即职工分为四班，一班上早班，一班上中班，一班上晚班，一班休息，每班8小时，轮换上班的工作制度。

去年，公司和胡某解除了劳动合同，胡某要求公司支付以往的加班工资。公司认为他们实行的是轮班制度，每次下班以后要隔24小时才来上班，不应当再支付加班费。

因双方没有达成一致，胡某提请仲裁委员会仲裁。仲裁委员会经调查取证后认为实行轮班工作制的职工，工作日正好是公休日的，属于正常工作；工作日正好是法定节假日的，应当视为加班。最后经仲裁委员会调解，公司同意支付胡某6 000余元的加班费。

4.1.3　事假

事假指职工因私事，即除身体、工作之外的原因，需要停止工作的休假。这里的事假应区别于职工依法享有的年休假、探亲假、婚假、丧假等，因为事假的条件、天数以及事假期间的工资待遇可由用人单位在自己的规章制度中规定；而职工依法享有的休假的条件、天数以及休假期间的工资待遇相关法律都有明确规定，用人单位不能碰触其底线。

对于事假期间的工资待遇，一些地方性法规有具体规定，如深圳市《深圳市职工工资支付条例》第二十五条规定：“职工请事假的，用人单位可以不支付其事假期间的工资。”因此一般来说事假期间，职工并未向用人单位提供劳动，用人单位不支付事假期间的工资也是合情、合理、合法的。

同时，用人单位也应注意在处理事假期间的工资待遇问题上，除可以不支付劳动者事假期间的工资外，不能再扣除事假以外的工资。关于这个问题，一些地方性法规有明确规定，《浙江省企业工资支付管理办法》第十六条第三款规定：“劳动者请事假的，企业可以不支付事假期间工资，但不得扣减事假以外的工资。”

在实践中，有的用人单位出于人性化考虑，不愿多扣职工工资，对于请事假的职工一般象征性地扣取部分工资。这种做法可以提高职工的满意度，一定程度减少了职工的流失率。

4.1.4 病假

病假是指职工因自然患病（非职业病）或非因工负伤，需要停止工作，接受治疗或休息疗养的假期。对于职工而言，病假属于有薪假期。

一般情况下，职工请病假都需要开具证明资料，按照《关于加强企业伤病长休职工管理工作的通知》（劳险字〔1992〕14 号）中规定：“职工因伤病需要休假的，应凭企业医疗机构或指定医院开具的疾病诊断证明，并由企业审核批准。”

在一些企业，企业会对职工病情的真伪进行鉴别。通常，企业会要求职工提交病历本、病假证明、医药费单据等对病假的真实性进行审查。对于请病假超过一定期限的职工，企业有合理怀疑的，也可以要求其到指定医院进行复查，此时，复查的费用基本由单位支付。

职工在工作中，为了维护自己的合法权益，应掌握医疗期长短、累计病休周期以及病休工资的计算方法，从而合法维护自己的权益。

1. 医疗期长短计算

根据我国现行劳动法律法规、政策性文件的相关规定，用人单位的职工因患病需要停止工作，进行医疗时，用人单位应该根据职工本人实际参加工作年限和在本单位工作年限，给予一定的医疗期，在医疗期内，用人单位不得解除劳动合同。

根据原劳动部 1994 年发布的《企业职工患病或非因工负伤医疗期规定》第三条规定，职工的医疗期的计算标准见表 4—2。

表4—2　职工医疗期计算标准表

实际工作年限	在本单位工作年限	医疗期月数
10 年以下	五年以下	三
	五年以上	六
10 年以上	五年以下	六
	五～十年	九
	十～十五年	十二
	十五～二十年	十八
	二十年以上	二十四

需要指出的是，各地对于医疗期的期限及计算方法有具体的规定，需要按照当地的规定执行。如上海市修订后的《关于本市劳动者在履行劳动合同期间患病或者非因工负伤的医疗期标准的规定》（沪府发〔2015〕40 号）第二条中规定："医疗期按照劳动者在本用人单位的工作年限设置。劳动者在本单位工作第一年，医疗期为三个月；以后工作每满一年，医疗期增加一个月，但不超过二十四个月。"

对于医疗期届满的职工用人单位可以依据《劳动合同法》第四十条规定采取措施，"对职工患病或者非因工负伤，在规定的医疗期满后不能从事原工作，也不能从事由用人单位另行安排的工作的，用人单位可以在提前三十日以书面形式通知劳动者本人或者额外支付劳动者一个月工资后，解除劳动合同。"

2. 累计病休周期的计算

《企业职工患病或非因工负伤医疗期规定》第四条规定："医疗期三个月的按六个月内累计病休时间计算；六个月的按十二个月内累计病休时间计算；九个月的按十五个月内累计病休时间计算；十二个月的按十八个月内累计病休时间计算；十八个月的按二十四个月内累计病休时间计算；二十四个月的按三十个月内累计病休时间计算。"

医疗期从职工病休之日起开始计算，在规定的时间内累计病休时间达到规定医疗期时限的视为医疗期满。连续病休的，其节假日按病休日计算。

3. 病假工资的算法

关于职工病假期间的工资，其计算的法律依据为1951年颁布的《劳动保险条例》和同期颁布的《劳动保险条例实施细则修正草案》。根据上述法律规定，职工疾病或非因工负伤停止工作连续医疗期间在六个月以内的，由用人单位按其在本用人单位连续工龄的长短发放病假工资，其标准为：本企业工龄不满二年，为本人工资60%；满二年不满四年，为本人工资70%；满四年不满六年，为本人工资80%；满六年不满八年，为本人工资90%；满八年及八年以上，为本人工资100%。停止工作连续医疗期间超过6个月的，按月付给疾病或非因工负伤救济费，其标准如下：本企业工龄不满一年者，为本人工资40%；满一年未满三年者，为本人工资50%；三年及三年以上，为本人工资60%。此项救济费付至能工作或确定为残废或死亡时止。

对于职工病假期间的工资发放标准，《关于贯彻执行〈中华人民共和国劳动法〉若干问题的意见》（劳部发〔1995〕309号）第五十九条规定："职工患病或非因工负伤治疗期间，在规定的医疗期间内由企业按有关规定支付其病假工资或疾病救济费，病假工资或疾病救济费可以低于当地最低工资标准支付，但不能低于最低工资标准的80%。"

这相当于给用人单位支付职工病假期间工资设置了底线。

需要指出的是，关于病假期间的工资，若地方立法有相应规定的，用人单位需按照当地的规定执行。

《北京市工资支付规定》第二十一条规定："劳动者患病或者非因工负伤的，在病休期间，用人单位应当根据劳动合同或集体合同的约定支付病假工资。用人单位支付病假工资不得低于本市最低工资标准的80%。"

《深圳市职工工资支付条例》第二十三条规定："职工患病或者非因工负伤停止工作进行医疗，在国家规定的医疗期内的，用人单位应当按照不低于本人正常工作时间工资的60%支付职工病伤假期工资，但不得低于最低工资的80%。"

《上海市企业工资支付办法》《关于加强企业职工疾病休假管理保障职工疾病休假期间生活的通知》不仅对病假工资的最低标准进行了规定，也对计算基数、计算系数等进行了规定。

（1）计算基数

1）劳动合同有约定的，按不低于劳动合同约定的劳动者本人所在岗位（职位）相对应的工资标准确定。集体合同（工资集体协议）确定的标准高于劳动合同约定标准的，按集体合同（工资集体协议）标准确定。

2）劳动合同、集体合同均未约定的，可由用人单位与职工代表通过工会集体协商确定，协商结果应签订工资集体协议。

3）用人单位与劳动者无任何约定的，假期工资的计算基数统一按劳动者本人所在岗位（职位）正常出勤的月工资的70%确定。

按以上原则计算的假期工资基数均不得低于本市规定的最低工资标准。法律法规另有规定的，从其规定。

（2）计算系数。职工疾病或非因工负伤连续休假工资的计算系数见表4—3。

表4—3　上海市职工疾病或非因工负伤连续休假工资的计算系数表

休假时间	本单位连续工龄	计算系数
连续休假在六个月以内	不满二年	本人工资的60%
	满二年不满四年	本人工资的70%
	满四年不满六年	本人工资的80%
	满六年不满八年	本人工资的90%
	满八年及以上	本人工资的100%
连续休假超过六个月	不满一年	本人工资的40%
	满一年不满三年	本人工资的50%
	满三年及以上	本人工资的60%

（3）计算公式。根据《上海市企业工资支付办法》第十四条规定，在制度工作日内请病、事假等的日工资计算方法为按本办法第九条原则确定的计算基数，除以发生当月的计薪日。由此可以得出，病假工资的计算公式如下所示：

病假工资=计算基数/月计薪天数（21.75）×计算系数×病假天数

关于上海市病假工资的计算，下面以一个案例进行说明。

病假工资如何算？

2015年6月，上海市某公司的职工A请病假两天，请问其病假的工资如何计算？已知A于2014年入职该公司，劳动合同约定的病假工资为3 000元，上海市月最低工资标准2 020元。

A病假工资=3 000/21.75×60%×2≈166（元）

4.1.5　婚假

关于职工婚嫁，先看一则案例。

案例回放

张小姐18岁时进入S公司工作，1年后（此时19岁）与本公司职工陈先生（27岁）相恋，并决定结婚。后张小姐、陈先生以要回老家办酒席为由，向公司提出休婚假的申请。

依法说案

《中华人民共和国婚姻法》第六条规定:“结婚年龄,男不得早于二十二周岁,女不得早于二十周岁。”同时,该法第八条规定:“要求结婚的男女双方必须亲自到婚姻登记机关进行结婚登记。符合本法规定的,予以登记,发给结婚证。取得结婚证,即确立夫妻关系。未办理结婚登记的,应当补办登记。”

由上述两条法规可以得出,本案例中十九岁的张小姐不符合结婚年龄要求,也没有进行结婚登记并取得结婚证。因此,本案中的公司可以拒绝张小姐与陈先生的婚假申请。

上述案例中的张小姐属于早婚。早婚指不符合我国婚姻法规定,男女双方没达到法定年龄(男二十二周岁,女二十周岁)而结婚的现象。对于早婚这种不合法行为,用人单位可以拒绝职工的婚假申请,而对于合法的婚假,职工应该如何申请?

关于婚假,我国在法律层面没有规定,只在行政法规和规范性文件层面有涉及,如《关于国营企业职工请婚丧假和路程假问题的通知》(〔80〕劳总薪字 29 号)规定,婚假一至三天,结婚双方不在一地工作的另外给予路程假,此文件当时针对的是国营企业。通常情况下,为了防止风险,用人单位一般按最长三天婚假计算;个别地方有具体规定超过三天的,用人单位应参照地方规定执行。

《工资支付暂行规定》第十一条规定:“劳动者依法享受年休假、探亲假、婚假、丧假期间,用人单位应按劳动合同规定的标准支付劳动者工资。”根据上述规定,婚假属于有薪假,用人单位不得扣减职工婚假期间工资。

4.1.6 带薪年假

根据《工资支付暂行规定》第十一条的规定:“劳动者依法享受年休假、探亲假、婚假、丧假期间,用人单位应按劳动合同规定的标准支付劳动者工资。”由此可见职工依法享受的年休假属于带薪假。

2008 年起施行的《职工带薪年休假条例》第二条规定:“机关、团体、企业、事业单位、民办非企业单位、有雇工的个体工商户等单位的职工连续工作1年以上的，享受带薪年休假（以下简称年休假）。单位应当保证职工享受年休假。职工在年休假期间享受与正常工作期间相同的工资收入。”该条例第三条规定：“职工累计工作已满一年不满十年的，年休假五天；已满十年不满二十年的，年休假十天；已满二十年的，年休假十五天。国家法定休假日、休息日不计入年休假的假期。”此条例对带薪年假的休假条件及时间进行了规定。

2008年施行的《企业职工带薪年休假实施办法》对带薪年假的休假条件及时间也进行了规范，其中第三条规定：“职工连续工作满十二个月以上的，享受带薪年休假。”该实施办法第四条规定：“年休假天数根据职工累计工作时间确定。职工在同一或者不同用人单位工作期间，以及依照法律、行政法规或者国务院规定视同工作期间，应当计为累计工作时间。”

该实施办法第五条规定：“职工新进用人单位且符合本办法第三条规定的，当年度年休假天数，按照在本单位剩余日历天数折算确定，折算后不足一整天的部分不享受年休假。前款规定的折算方法为：（当年度在本单位剩余日历天数 ÷ 三百六十五天）× 职工本人全年应当享受的年休假天数。”

4.1.7 产假

产假既是一种针对女性职工的劳动保护也是一种劳动权益，对此职工可以从以下三个方面加以理解。

1. 我国法律对产假的规定

按照《劳动法》《女职工劳动保护特别规定》等法律法规，女职工的产假权益如下。

（1）女职工生育享受不少于九十八天的产假，女职工九十八天的产假分为产前假、产后假两部分，产前假十五天，产后假八十三天，产前假十五天是指预产期前十五天的休假，产前假一般不得放到产后使用。

（2）如果孕妇早产，可以将不足的天数和产后假合并使用，若孕妇推迟生产，可将超出的天数按病假处理。女职工休产假是为了保证产妇能恢复身体健康，因此休产假不能提前或者推后。

（3）难产的增加产假十五天，生育多胞胎的，每多生育一个婴儿，增加产假十五天。

（4）女职工怀孕流产的，用人单位应当根据医务部门的证明，给予一定时间的产假。现行的做法是女职工怀孕不满四个月流产的，应当根据医务部门的证明给予十五天产假。怀孕满四个月以上流产的，给予四十二天的产假，产假期间工资照发。

（5）产假期满恢复工作时，应允许有一至两周的时间逐步恢复定额工作量。

近年来，男职工的“陪产假”权益逐渐被重视，即依法登记结婚的夫妻，女方在享受产假期间，男方享有的有一定时间看护、照料对方的权利。《劳动法》等相关法律法规并未对陪产假作出明确的规定，具体规定通常出现在各省、自治区、直辖市的《人口与计划生育管理条例》中。

陪产假一般是七天。陪产假期间的工资制度各单位也都不尽相同，奖金福利不变。还有一些地区可将男性的陪产假转到女方的产假中去，由女性代替男性休假。

2. 哺乳期权益

《劳动法》第六十三条规定：“不得安排女职工在哺乳未满一周岁的婴儿期间从事国家规定的第三级体力劳动强度的劳动和哺乳期禁忌从事的其他劳动，不得安排其延长工作时间和夜班劳动。”

《劳动法》第二十九条和《女职工劳动保护特别规定》第五条都规定了女职工在孕期、产期、哺乳期内，企业不得终止劳动关系，合同期限应顺延至孕期、产期、哺乳期结束。

3. 产检假

案例回放

> 李女士是一工厂的工人，怀孕后因产前检查的问题和公司人力资源部门起了冲突。人力资源部门声称劳动法中只有产假而无产检假规定，本公司请假制度中也没有产检假一说，故对李女士的产检假不予批准。因此，李女士被多次扣发工资及全勤奖。李女士对此不服，遂申请仲裁。
>
> 上述案例中，李女士的申请会被支持吗？人力资源部的做法合法吗？

依法说案

> 上述案例中，李女士的仲裁申请一般情况下会被支持。尽管《劳动法》对产检假没有规定，但是国务院公布的《女职工劳动保护特别规定》第六条第三款规定："怀孕女职工在劳动时间内进行产前检查，所需时间计入劳动时间。"由此可见，该工厂扣发李女士工资及全勤奖是不合法的，应予以纠正，并修改本工厂的相关制度，以确保其内容合法。

产检假就是怀孕的女职工在劳动时间内进行产前检查，算作劳动时间，不能按病假、事假、旷工等处理，也不能扣发工资。

关于产检假的次数和天数，国家并没有统一，在实践中，一般认为只要是遵照医嘱，属于正常必要的产检假，都应计入劳动时间。为规范产检假的审批工作，用人单位应在制度中明确职工请产检假所需持有的证明，如产检预约单、产检记录、诊断证明等。

4.1.8 丧假

关于职工丧假，先看两则案例。

案例回放

> 案例 1：张某就职于北京一家公司，前几天其家里人打电话通知他爷爷去世了，需要马上回家。知道丧假是不扣工资的，张某想请丧假，但是又不知道爷爷去世是否属于丧假请假范围，故张某不知如何是好。

案例2：李女士也就职于北京一家公司，其婆婆于日前过世，李女士需要料理后事，遂想向公司请丧假。李女士不知道婆婆去世是否属于丧假请假范围，故也不知如何是好。

职工休丧假的，用人单位可参考《关于国营企业职工请婚丧假和路程假问题的通知》的有关规定，具体如下：

一、职工本人结婚或职工的直系亲属（父母、配偶和子女）死亡时，可以根据具体情况，由本单位行政领导批准，酌情给予一至三天的婚丧假。

二、职工结婚时双方不在一地工作的；职工在外地的直系亲属死亡时需要职工本人去外地料理丧事的，都可以根据路程远近，另给予路程假。

三、在批准的婚丧假和路程假期间，职工的工资照发。途中的车船费等，由职工自理。

根据上述规定，父母、配偶和子女死亡的属于丧假的请假范围，但是在实际中往往会碰到职工爷爷奶奶去世、岳父母去世、公公婆婆去世也要求请丧假的情形。面对上述情形时，用人单位可在参照国家法律规定的基础上，依照本地区相关法律法规规定执行。比如北京市的用人单位可参照《关于国营企业职工请丧假范围有关问题的通知》（〔87〕市劳险字第66号）的内容，即女职工的公婆死亡时和男职工的岳父母死亡时，经本单位领导批准，可酌情给予一至三天的丧假。

根据国家及北京市相关法律法规规定，案例一中，张某爷爷去世法律并没有规定丧假，用人单位可以不批；不过考虑到我国的传统习惯，用人单位也可酌情给予一定丧假或事假。

同样根据国家及北京市相关法律法规规定，案例二中，李女士的婆婆去世符合丧假规定的范围，故用人单位应予以批准，酌情给予一至三天的丧假。

4.2 劳动保护

劳动保护范围较为广泛，主要包括劳动安全保护、职业健康保护以及特殊群体（主要是妇女和未成年人）劳动保护，其中劳动安全保护内容在本章第 4 节，职业健康保护内容主要在本章第 3 节作了介绍，这里主要介绍女职工劳动保护与未成年人劳动保护。

4.2.1 女职工劳动保护

为保护女职工的合法权益和身体健康，减少和解决女职工在劳动中因生理特点造成的特殊困难，创造积极、健康、和谐的社会经济环境，我国对女职工实行特殊劳动保护制度。实行女职工特殊保护的法律依据为《劳动法》第五十八条，该条款明确规定："国家对女职工和未成年工实行特殊劳动保护。"

1. 女职工禁忌从事的劳动范围

《劳动法》对女职工禁忌从事的劳动范围进行的规定见表 4—4。

表4—4 劳动法对女职工禁忌从事的劳动范围的规定

规定适用对象	法律条款
女职工	第五十九条规定："禁止安排女职工从事矿山井下、国家规定的第四级体力劳动强度的劳动和其他禁忌从事的劳动"
经期女职工	第六十条规定："不得安排女职工在经期从事高处、低温、冷水作业和国家规定的第三级体力劳动强度的劳动"
孕期女职工	第六十一条规定："不得安排女职工在怀孕期间从事国家规定的第三级体力劳动强度的劳动和孕期禁忌从事的劳动"
哺乳期女职工	第六十三条规定："不得安排女职工在哺乳未满一周岁的婴儿期间从事国家规定的第三级体力劳动强度的劳动和哺乳期禁忌从事的其他劳动"

《用人单位职业健康监护监督管理办法》第十二条规定:“用人单位不得安排未经上岗前职业健康检查的劳动者从事接触职业病危害的作业，不得安排有职业禁忌的劳动者从事其所禁忌的作业。用人单位不得安排未成年工从事接触职业病危害的作业，不得安排孕期、哺乳期的女职工从事对本人和胎儿、婴儿有危害的作业。”该条款也对用人单位不得安排有职业禁忌女职工从事其所禁忌的作业进行了规定。

依据法律规定，用人单位在安排女职工工作时，应当遵守女职工禁忌从事的劳动范围的规定，并应当将本单位属于女职工禁忌从事的劳动范围的岗位书面告知女职工。一般情况下，用人单位可根据《女职工劳动保护特别规定》附录中关于女职工禁忌从事的劳动范围的规定，见表4—5，合理安排女职工进行工作，防止违法及伤害女职工的事件发生。

表4—5　特别规定对女职工禁忌从事的劳动范围的规定

情况	禁忌从事的劳动范围
女职工	1. 矿山井下作业 2. 体力劳动强度分级标准中规定的第四级体力劳动强度的作业 3. 每小时负重六次以上、每次负重超过二十公斤的作业，或者间断负重、每次负重超过二十五公斤的作业
女职工在经期	1. 冷水作业分级标准中规定的第二级、第三级、第四级冷水作业 2. 低温作业分级标准中规定的第二级、第三级、第四级低温作业 3. 体力劳动强度分级标准中规定的第三级、第四级体力劳动强度的作业 4. 高处作业分级标准中规定的第三级、第四级高处作业
女职工在孕期	1. 作业场所空气中铅及其化合物、汞及其化合物、苯、镉、铍、砷、氰化物、氮氧化物、一氧化碳、二硫化碳、氯、己内酰胺、氯丁二烯、氯乙烯、环氧乙烷、苯胺、甲醛等有毒物质浓度超过国家职业卫生标准的作业 2. 从事抗癌药物、己烯雌酚生产，接触麻醉剂气体等的作业 3. 非密封源放射性物质的操作，核事故与放射事故的应急处置 4. 高处作业分级标准中规定的高处作业

续表

情况	禁忌从事的劳动范围
女职工在孕期	5. 冷水作业分级标准中规定的冷水作业 6. 低温作业分级标准中规定的低温作业 7. 高温作业分级标准中规定的第三级、第四级的作业 8. 噪声作业分级标准中规定的第三级、第四级的作业 9. 体力劳动强度分级标准中规定的第三级、第四级体力劳动强度的作业 10. 在密闭空间、高压室作业或者潜水作业，伴有强烈振动的作业，或者需要频繁弯腰、攀高、下蹲的作业
女职工在哺乳期	1. 孕期禁忌从事的劳动范围的第一项、第三项、第九项 2. 作业场所空气中锰、氟、溴、甲醇、有机磷化合物、有机氯化合物等有毒物质浓度超过国家职业卫生标准的作业

案例回放

小郝是某公司的一名一线职工，其工作中要与各种机器打交道，且需要进行频繁的弯腰、下蹲作业。最近她有了身孕，怕频繁的弯腰、下蹲会对胎儿不利，故向公司请求暂换一个岗位。公司以暂时没有合适的岗位，且小郝的工作暂时无人代替为由，拒绝了小郝的请求。

请问本案例中，小郝的请求合理吗？

依法说案

本案例中，根据国家法律对孕产妇的特别保护，小郝要求调换岗位的请求是合理的。

根据《劳动法》及其他相关法律规定，用人单位不能安排女职工在怀孕期间从事孕期禁忌从事的劳动。

《女职工劳动保护特别规定》附录中第三条规定，要频繁弯腰、攀高、下蹲的作业属于女职工在孕期禁忌从事的劳动范围。同时该法第十三条规定："用人单位违反本规定附录第三条、第四条规定的，由县级以上人民政府安全生产监督管理部门责令限期治理，处5万元以上30万元以下的罚款；情节严重的，责令停止有关作业，或者提请有关人民政府按照国务院规定的权限责令关闭。"

由此可见，小郝目前的工作在孕期是禁忌从事的，其调换岗位的请求是合理、合法的，用人单位若拒绝，将有可能面临安监部门的处罚。

2. 女职工夜班特别规定

《劳动法》第六十一条规定："对怀孕七个月以上的女职工，不得安排其延长工作时间和夜班劳动。"同时该法第六十三条规定："不得安排女职工在哺乳未满一周岁的婴儿期间延长工作时间和夜班劳动。"

《女职工劳动保护特别规定》第六条规定："对怀孕七个月以上的女职工，用人单位不得延长劳动时间或者安排夜班劳动，并应当在劳动时间内安排一定的休息时间。"同时该法第九条规定："对哺乳未满一周岁婴儿的女职工，用人单位不得延长劳动时间或者安排夜班劳动。"

案例回放

赵某在上海市一家食品加工厂工作。2013 年 11 月，赵某已怀孕七个月，在例行产检时，医院的妇产科医生建议赵某停止夜班劳动，并在工作时间内安排中间休息，以免影响胎儿健康。

从医院回来后，赵某持医院的检查证明，向厂里要求停止安排其夜班工作，并允许其在工作过程中离岗休息。该要求被工厂以工作任务繁重、人员安排不便为由拒绝。

赵某因此到当地的劳动保障监察机构投诉，请求制止工厂安排其夜班劳动的行为，并请求协调工厂每天在工作时间安排一小时的休息时间。

依法说案

1. 关于夜班安排的规定

《劳动法》第六十一条、《女职工劳动保护特别规定》第六条都明确规定："怀孕七个月以上的女职工，用人单位不得安排其从事夜班劳动。"

根据上述法律规定，赵某关于制止工厂安排其夜班劳动的要求是合理的。

2. 关于工作时间休息的规定

《女职工劳动保护特别规定》第六条规定："女职工在孕期不能适应原劳动的，用人单位应当根据医疗机构的证明，予以减轻劳动量或者安排其他能够适应的劳动。"

《上海市女职工劳动保护办法》第十二条规定："女职工妊娠七个月以上（按二十八周计算），应给予每天工间休息一小时，不得安排夜班劳动。"

根据上述法律规定，赵某要求工作时间安排一小时休息时间的要求也是合理的。

4.2.2 未成年工劳动保护

未成年工是指年满十六周岁未满十八周岁的职工。根据《劳动法》第五十八条规定:“我国对未成年工实行特殊劳动保护。”未成年工的身体发育尚未完全定型,过重的体力劳动、不良的工作体位、过度紧张的劳动、不适合的工具等都会对未成年工的正常发育产生不良影响,因此出于保护未成年工的正常发育和安全健康的考虑,我国法律对未成年工在就业年龄、职业禁忌、健康检查、工作时间等方面给予了特殊保护。

1. 就业年龄的限制

《劳动法》第十五条规定:“禁止用人单位招用未满十六周岁的未成年人。文艺、体育和特种工艺单位招用未满十六周岁的未成年人,必须依照国家有关规定,履行审批手续,并保障其接受义务教育的权利。”

同时该法第九十四条规定:“用人单位非法招用未满十六周岁的未成年人的,由劳动行政部门责令改正,处以罚款;情节严重的,由工商行政管理部门吊销营业执照。”

《未成年人保护法》第三十八条规定:“任何组织或者个人不得招用未满十六周岁的未成年人,国家另有规定的除外。”

青少年年龄越小,智力水平越低,自我保护意识越差。考虑到青少年的身体智力发展水平,保障他们在就业前有接受完整义务教育的时间,防止未成年工上当受骗案件发生,我国规定用人单位招收未成年工的最低年龄为十六周岁。而文艺、体育和特种工艺单位招用未满十六周岁的未成年人,必须保障其接受义务教育的权利。

2. 职业禁忌

身体发育还未成熟的未成年工,不能适应特别繁重及危险的工作,他们对有毒有害作业的抵抗力也较弱,因此我国法律对未成年工的职业禁忌有特殊规定。用人单位应严格遵守以下法律法规中关于未成年工职业禁忌的规定，防止侵犯未成年工合法权益的事件发生。

《劳动法》第六十四条规定：“不得安排未成年工从事矿山井下、有毒有害、国家规定的第四级体力劳动强度的劳动和其他禁忌从事的劳动。”

《未成年工特殊保护规定》（劳部发〔1994〕498号）第三条规定：“用人单位不得安排未成年工从事以下范围的劳动：

（一）《生产性粉尘作业危害程度分级》国家标准中第一级以上的接尘作业；

（二）《有毒作业分级》国家标准中第一级以上的有毒作业；

（三）《高处作业分级》国家标准中第二级以上的高处作业；

（四）《冷水作业分级》国家标准中第二级以上的冷水作业；

（五）《高温作业分级》国家标准中第三级以上的高温作业；

（六）《低温作业分级》国家标准中第三级以上的低温作业；

（七）《体力劳动强度分级》国家标准中第四级体力劳动强度的作业；

（八）矿山井下及矿山地面采石作业；

（九）森林业中的伐木、流放及守林作业；

（十）工作场所接触放射性物质的作业；

（十一）有易燃易爆、化学性烧伤和热烧伤等危险性大的作业；

（十二）地质勘探和资源勘探的野外作业；

（十三）潜水、涵洞、涵道作业和海拔三千米以上的高原作业（不包括世居高原者）；

（十四）连续负重每小时在六次以上并每次超过二十公斤，间断负重每次超过二十五公斤的作业；

（十五）使用凿岩机、捣固机、气镐、气铲、铆钉机、电锤的作业；

（十六）工作中需要长时间保持低头、弯腰、上举、下蹲等强迫体位和动作频率每分钟大于五十次的流水线作业；

（十七）锅炉司炉。”

案例回放

2011年8月份，已满十六周岁的小东被某宾馆录用（该宾馆在此之前已向所在地的劳动行政部门办理了用工登记）。宾馆与小东签订劳动合同前，对其安排了健康体检。体检合格后，宾馆与小东签订了为期两年的劳动合同，约定小东的工作岗位为锅炉房司炉。

上班后前几个月，小东发现工作比较清闲，于是对这份工作很满意。但到了11月份，宾馆开始向房间供暖，小东的工作量剧增，每天为烧锅炉需要自己一个人用推车推运十几车煤，工作一天下来感觉浑身酸疼，身体渐渐吃不消了。

于是，小东向宾馆有关领导要求增加人手或给自己调换工作岗位。而宾馆的有关负责人却以劳动合同中明确约定了小东的工作岗位为由拒绝了小东的要求。因此，双方产生了争议。

依法说案

1995年1月1日施行的《未成年工特殊保护规定》中明确规定：“禁止未成年工从事锅炉司炉。”因此，本案例中，该宾馆安排小东从事锅炉房司炉工作违反了法律法规关于未成年工禁忌劳动范围的规定。

《中华人民共和国劳动法》第九十五条规定：“用人单位违反本法对女职工和未成年工的保护规定，侵害其合法权益的，由劳动行政部门责令改正，处以罚款；对女职工或者未成年工造成损害的，应当承担赔偿责任。”

由此可见，本案例中宾馆应为小东调换岗位，否则若小东申请仲裁，宾馆仍可能面临责令改正、被罚款甚至承担赔偿责任的风险。

3. 健康检查要求

《劳动法》第六十五条规定：“用人单位应当对未成年工定期进行健康检查。”由此可见，对未成年工进行定期的健康检查是用人单位的一项法定义务，用人单位不得以任何借口加以取消。

根据《未成年工特殊保护规定》第六条规定，用人单位定期安排未成年工进行健康检查的时间要求如图4—2所示。

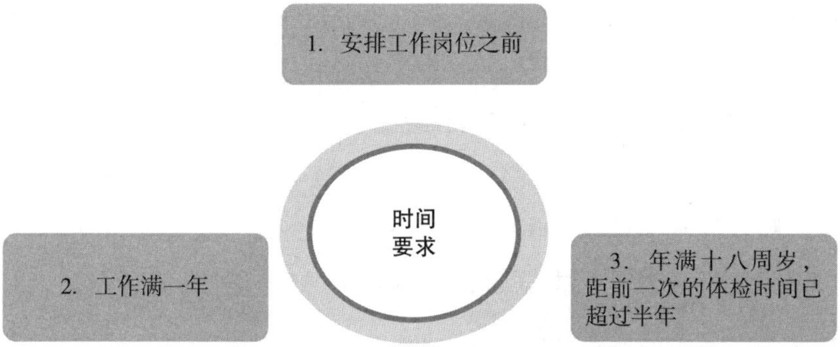

图4—2　未成年工定期健康检查的时间要求

同时根据《未成年工特殊保护规定》第八条规定："用人单位应根据未成年工的健康检查结果安排其从事适合的劳动，对不能胜任原劳动岗位的，应根据医务部门的证明，予以减轻劳动量或安排其他劳动。"

4. 工作时间安排

《未成年人保护法》第三十八条规定："任何组织或者个人按照国家有关规定招用已满十六周岁未满十八周岁的未成年人的，应当执行国家在工种、劳动时间、劳动强度和保护措施等方面的规定，不得安排其从事过重、有毒、有害等危害未成年人身心健康的劳动或者危险作业。"

尽管法律没有对未成年工的具体工作时间进行规定，但为了保障未成年工的正常发育和继续完成文化技术学习任务，用人单位一般应对未成年工实行缩短工作时间制度，并且不宜安排其从事加班加点和夜班工作。

4.3　职业健康与卫生

4.3.1　职业健康

职业健康的定义有很多，最为权威的是 1950 年由国际劳工组织和世界卫生组织的联合职业委员会给出的定义。职业健康应以维持各行业劳动者的生理、心理及社交处在最好状态为目的，保护劳动者不受健康危害因素伤害，并将劳动者安排在适合的工作环境中。

为了保证劳动者的职业健康，应根据劳动者的实际工作情况，对其进行职业健康检查，以保护劳动者免受职业病的危害。

职业健康检查是指根据职工的职业接触史，对职工进行有针对性的定期或不定期的健康体检。

1. 必须进行职业健康检查的情形

《劳动法》第五十四条规定："用人单位必须为劳动者提供符合国家规定的劳动安全卫生条件和必要的劳动防护用品，对从事有职业危害作业的劳动者应当定期进行健康检查。"同时该法第六十五条规定："用人单位应对未成年工定期进行健康检查。"

《劳动合同法》第四十二条规定："从事接触职业病危害作业的劳动者未进行离岗前职业健康检查，或者疑似职业病病人在诊断或者医学观察期间的，用人单位不得依照本法第四十条、第四十一条的规定解除劳动合同。"

《职业病防治法》第三十五条规定："对从事接触职业病危害的作业的劳动者，用人单位应当按照国务院安全生产监督管理部门、卫生行政部门的规定组织上岗前、在岗期间和离岗时的职业健康检查，并将检查结果书面告知劳动者。"

2015 年起施行的《职业健康检查管理办法》第二条规定："本办法所称职业健康检查是指医疗卫生机构按照国家有关规定，对从事接触职业病危害作业的劳动者进行的上岗前、在岗期间、离岗时的健康检查。"

2012 年起施行的《用人单位职业健康监护监督管理办法》第三条规定："本办法所称职业健康监护，是指劳动者上岗前、在岗期间、离岗时、应急的职业健康检查和职业健康监护档案管理。"

根据上述法律规定，结合《用人单位职业健康监护监督管理办法》第十一条、第十三条、第十四条、第十五条、第二十一条的规定，在如表 4—6 所示的情形下，用人单位必须对从事有职业危害作业的职工进行职业健康检查。

表4—6　职业健康检查的情形

情形	检查对象
劳动者上岗前	1. 拟从事接触职业病危害作业的新录用劳动者，包括转岗到该作业岗位的劳动者 2. 拟从事有特殊健康要求作业的劳动者
劳动者在岗期间	接触职业病危害因素的劳动者
劳动者离岗前	准备脱离从事的职业病危害作业或者岗位的劳动者
用人单位发生应急情况时	1. 接触职业病危害因素的劳动者在作业过程中出现与接触职业病危害因素相关的不适症状的 2. 劳动者受到急性职业中毒危害或者出现职业中毒症状的
用人单位发生分立、合并、解散、破产等情形时	用人单位劳动者

2. 职业健康检查的费用承担

《职业病防治法》第三十五条规定:“职业健康检查费用由用人单位承担。”

《职业健康检查管理办法》第十二条也规定了在职业健康检查中，用人单位应承担检查费用。

《用人单位职业健康监护监督管理办法》第八条规定:“用人单位应当组织劳动者进行职业健康检查，并承担职业健康检查费用。劳动者接受职业健康检查应当视同正常出勤。”

由上述法律规定可知，职业健康检查的费用由用人单位承担，且职工接受职业健康检查的时间也视同正常出勤，用人单位不得擅自将其计入事假、病假等，不得借此扣减职工工资。

3. 职业健康检查的档案管理

《职业病防治法》第三十六条规定：“用人单位应当为劳动者建立职业健康监护档案，并按照规定的期限妥善保存。

职业健康监护档案应当包括劳动者的职业史、职业病危害接触史、职业健康检查结果和职业病诊疗等有关个人健康资料。

劳动者离开用人单位时，有权索取本人职业健康监护档案复印件，用人单位应当如实、无偿提供，并在所提供的复印件上签章。”

4. 职业健康检查结果的处理

根据《用人单位职业健康监护监督管理办法》第十七条规定，用人单位应当根据职业健康检查报告，采取下列措施，具体如图 4—3 所示。

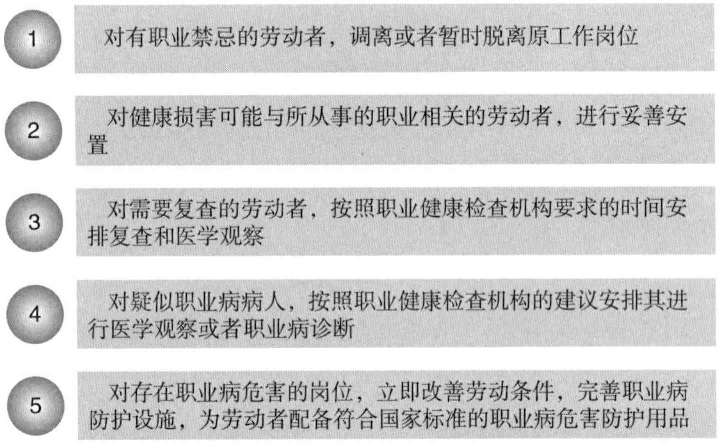

图4—3　职业健康检查结果的处理措施

4.3.2　职业卫生

职业卫生研究的是人类从事各种职业劳动过程中的卫生问题，它以职工的健康在职业活动过程中免受有害因素侵害为目的，其中包括劳动环境对劳动者健康的影响以及防止职业性危害的对策。其实质是对各种工作中的职业病危害因素所致损害或疾病的预防，属预防医学的范畴。

1. 职业卫生相关法律法规

职业卫生相关法律法规见表 4—7。

表4—7　职业卫生相关法律法规

法律法规	内容
法律	《宪法》《职业病防治法》《劳动法》《工会法》《矿山安全法》《妇女权益保障法》《乡镇企业法》《民法通则》《刑法》《建筑法》《执业医师法》《行政处罚法》《行政复议法》《行政诉讼法》《国家赔偿法》等
法规	《尘肺病防治条例》《使用有毒物品作业场所劳动保护条例》《突发公共卫生事件应急条例》《放射性同位素与射线装置安全和防护条例》《工伤保险条例》等
部门规章	《放射事故管理规定》（卫生部令第 16 号）《放射防护器材与含放射性产品卫生管理办法》（卫生部令第 18 号）《国家职业卫生标准管理办法》（卫生部令第 20 号）《职业病危害项目申报管理办法》（卫生部令第 21 号）《职业健康检查管理办法》（国家卫生和计划生育委员会令第 5 号）《职业病诊断与鉴定管理办法》（卫生部令第 91 号）《职业卫生技术服务机构管理办法》（卫生部令第 31 号）等
规范性文件	《职业病危害因素分类目录》（国卫疾控发〔2015〕92 号）《建设项目职业病危害评价规范》（卫法监发〔2002〕63 号）《职业病分类和目录》（国卫疾控发〔2013〕48 号）《卫生部关于职业卫生监督管理职责分工意见的通知》（卫监督发〔2005〕31 号）《卫生部关于建设项目职业卫生审查有关问题的通知》（卫监督发〔2009〕24 号）《卫生部关于加强建设项目放射卫生审查工作的通知》（卫法监发〔2003〕239 号）《卫生部关于印发放射诊疗许可证发放管理程序的通知》（卫监督发〔2006〕479 号）等
标准	1. 职业卫生专业基础标准 2. 工作场所作业条件卫生标准 3. 工业毒物、生产性粉尘、物理因素职业接触限值 4. 职业病诊断标准 5. 职业照射放射卫生标准 6. 职业防护用品卫生标准 7. 职业危害防护导则 8. 劳动生理卫生、工效学标准 9. 职业危害因素检测、检验方法

2. 职业病的危害因素的分类

（1）按职业病危害因素来源分类。生产现场的作业人员，在日常的生产作业过程中，可能会接触到各种各样的职业病危害因素。这些职业病危害因素，按其来源可以分为下面 3 类，见表 4—8。

表4—8　职业病危害因素按来源分类表

职业病危害因素分类		具体内容
生产过程中接触的危害因素	化学因素	有毒物质，如铅、汞、锰、镉、磷等金属或非金属 刺激性气体，如氨、氯、二氧化硫、二氧化氮、光气等 窒息性毒物，如一氧化碳、硫化氢、二氧化碳和氰化物等 有机溶剂，如醇类、酯类、氯烃、芳香烃等 高分子化合物及农药等 生产性粉尘，如二氧化硅粉尘、石棉尘、煤尘、毛、羽、丝等
	物理因素	异常气象条件，如高温、高湿和低温等 异常气压，如高气压、低气压等 噪声、振动、超声波等 非电离辐射，如紫外线、红外线、射频、微波、激光等 电离辐射，如 x 射线、y 射线等
	生物因素	细菌、寄生虫或病毒，如病原微生物、炭疽杆菌、布氏杆菌等 医务人员接触含有病原微生物的病人体液等 致害动物，如接触带病菌的狗、猫等 致害植物，如有毒的花草、过敏的花粉等
劳动过程中接触的危害因素	不合理制度	劳动时间过长、工休制度不健全或不合理等
	精神过度紧张	如在生产流水线上的装配作业人员精神过度紧张等
	劳动强度大或安排不合理	如超负荷加班加点，安排的作业与劳动者生理状况不适应等
	个别器官或系统过度紧张	如由于光线不足而引起的视力紧张等
	工具、设备不合理	长时间使用不合理的工具、设备等

续表

职业病危害因素分类		具体内容
作业环境中的危害因素	自然环境中的因素	如炎热季节的太阳辐射，寒冷季节的低温等
	生产场所设计不合理	如厂房矮小、狭窄，车间布置不合理等
	生产过程不合理或管理不当	环境污染，作业环境的卫生条件不符合国家卫生标准
	缺少必要的卫生设施	如没有通风换气、照明设施或净化烟尘、污水的设施等
	安全用品配置有缺陷	不配备应有的安全用品，使用已淘汰的安全用品等

（2）按职业病危害因素性质分类。职业病危害因素按其性质可分为三类，见表 4—9。

表4—9　职业病危害因素按性质分类表

职业病危害因素分类	具体
环境因素	物理因素，如异常气象条件、异常气压、噪声、振动、电离辐射 化学因素，如生产性毒物和粉尘 生物因素，如炭疽杆菌、霉菌、布氏杆菌、病毒等
与职业有关的其他因素	不适合的生产布局 不适合的劳动制度等
其他因素	与劳动过程有关的劳动者生理、劳动者心理方面的因素等

3. 常见职业病的种类

根据《职业病防治法》的规定，2013 年 12 月 23 日，国家卫生计生委、人力资源社会保障部、安全监管总局、全国总工会四部门联合印发《职业病分类和目录》，新颁布的《职业病分类和目录》将职业病分为 10 大类 132 种，职业病具体种类见表 4—10。

表4—10 职业病分类表

职业病分类	职业病种类
一、职业性尘肺病及其他呼吸系统疾病	（一）尘肺病 1. 矽肺；2. 煤工尘肺；3. 石墨尘肺；4. 炭黑尘肺；5. 石棉肺；6. 滑石尘肺；7. 水泥尘肺；8. 云母尘肺；9. 陶工尘肺；10. 铝尘肺；11. 电焊工尘肺；12. 铸工尘肺；13. 根据《尘肺病诊断标准》和《尘肺病理诊断标准》可以诊断的其他尘肺 （二）其他呼吸系统疾病 1. 过敏性肺炎；2. 棉尘病；3. 哮喘；4. 金属及其化合物粉尘肺沉着病（锡、铁、锑、钡及其化合物等）；5. 刺激性化学物所致慢性阻塞性肺疾病；6. 硬金属肺病
二、职业性放射性疾病	1. 外照射急性放射病；2. 外照射亚急性放射病；3. 外照射慢性放射病；4. 内照射放射病；5. 放射性皮肤疾病；6. 放射性肿瘤（含矿工高氡暴露所致肺癌）；7. 放射性骨损伤；8. 放射性甲状腺疾病；9. 放射性性腺疾病；10. 放射复合伤；11. 根据《职业性放射性疾病诊断标准（总则）》可以诊断的其他放射性损伤
三、职业性化学中毒	1. 铅及其化合物中毒（不包括四乙基铅）；2. 汞及其化合物中毒；3. 锰及其化合物中毒；4. 镉及其化合物中毒；5. 铍病；6. 铊及其化合物中毒；7. 钡及其化合物中毒；8. 钒及其化合物中毒；9. 磷及其化合物中毒；10. 砷及其化合物中毒；11. 铀中毒；12. 砷化氢中毒；13. 氯气中毒；14. 二氧化硫中毒；15. 光气中毒；16. 氨中毒；17. 偏二甲基肼中毒；18. 氮氧化合物中毒；19. 一氧化碳中毒；20. 二硫化碳中毒；21. 硫化氢中毒；22. 磷化氢、磷化锌、磷化铝中毒；23. 氟及其无机化合物中毒；24. 氰及腈类化合物中毒；25. 四乙基铅中毒；26. 有机锡中毒；27. 羰基镍中毒；28. 苯中毒；29. 甲苯中毒；30. 二甲苯中毒；31. 正己烷中毒；32. 汽油中毒；33. 一甲胺中毒；34. 有机氟聚合物单体及其热裂解物中毒；35. 二氯乙烷中毒；36. 四氯化碳中毒；37. 氯乙烯中毒；38. 三氯乙烯中毒；39. 氯丙烯中毒；40. 氯丁二烯中毒；41. 苯的氨基及硝基化合物（不包括三硝基甲苯）中毒；42. 三硝基甲苯中毒；43. 甲醇中毒；44. 酚中毒；45. 五氯酚（钠）中毒；46. 甲醛中毒；47. 硫酸二甲酯中毒；48. 丙烯酰胺中毒；49. 二甲基甲酰胺中毒；50. 有机磷中毒；51. 氨基甲酸酯类中毒；52. 杀虫脒中毒；53. 溴甲烷中毒；54. 拟除虫菊酯类中毒；55. 铟及其化合物中毒；56. 溴丙烷中毒；57. 碘甲烷中毒；58. 氯乙酸中毒；59. 环氧乙烷中毒；60. 上述条目未提及的与职业有害因素接触之间存在直接因果联系的其他化学中毒

续表

职业病分类	职业病种类
四、物理因素所致职业病	1. 中暑；2. 减压病；3. 高原病；4. 航空病；5. 手臂振动病；6. 激光所致眼（角膜、晶状体、视网膜）损伤；7. 冻伤
五、职业性传染病	1. 炭疽；2. 森林脑炎；3. 布鲁氏菌病；4. 艾滋病（限于医疗卫生人员及人民警察）；5. 莱姆病
六、职业性皮肤病	1. 接触性皮炎；2. 光接触性皮炎；3. 电光性皮炎；4. 黑变病；5. 痤疮；6. 溃疡；7. 化学性皮肤灼伤；8. 白斑；9. 根据《职业性皮肤病诊断标准（总则）》可以诊断的其他职业性皮肤病
七、职业性眼病	1. 化学性眼部灼伤；2. 电光性眼炎；3. 白内障（含放射性白内障、三硝基甲苯白内障）
八、职业性耳鼻喉口腔疾病	1. 噪声聋；2. 铬鼻病；3. 牙酸蚀病；4. 爆震聋
九、职业性肿瘤	1. 石棉所致肺癌、间皮瘤；2. 联苯胺所致膀胱癌；3. 苯所致白血病；4. 氯甲醚、双氯甲醚所致肺癌；5. 砷及其化合物所致肺癌、皮肤癌；6. 氯乙烯所致肝血管肉瘤；7. 焦炉逸散物所致肺癌；8. 六价铬化合物所致肺癌；9. 毛沸石所致肺癌、胸膜间皮瘤；10. 煤焦油、煤焦油沥青、石油沥青所致皮肤癌；11. β-萘胺所致膀胱癌
十、其他职业病	1. 金属烟热；2. 滑囊炎（限于井下工人）；3. 股静脉血栓综合征、股动脉闭塞症或淋巴管闭塞症（限于刮研作业人员）

4.4 安全生产

4.4.1 安全教育培训

安全教育培训可以赋予职工安全生产风险知识和风险防范意识与技能，使其能胜任工作，避免或减轻职业危害，防止各类事故的发生。为确保安全教育培训的贯彻，防止和减少生产安全事故，保障职工生命和财产安全，我国制定了多项涉及安全教育培训法律法规。下面就对《劳动法》《安全生产法》这两大主要法律的相关条款进行着重说明。

1.《劳动法》关于安全教育培训的规定

《劳动法》第五十二条规定："用人单位必须建立、健全劳动安全卫生制度，严格执行国家劳动安全卫生规程和标准，对劳动者进行劳动安全卫生教育，防止劳动过程中的事故，减少职业危害。"

《劳动法》第六十八条规定："用人单位应当建立职业培训制度，按照国家规定提取和使用职业培训经费，根据本单位实际，有计划地对劳动者进行职业培训。从事技术工种的劳动者，上岗前必须经过培训。"

由上述法律法规可知，用人单位有对职工进行安全教育培训的义务，而且对于从事技术工种的职工，未经培训不得安排上岗。

2.《安全生产法》关于安全教育培训的规定

根据2014年8月31日第十二届全国人民代表大会常务委员会第十次会议通过的关于修改《安全生产法》的决定，修改后的《安全生产法》关于安全教育培训的规定如下。

《安全生产法》第六条规定："生产经营单位的从业人员有依法获得安全生产保障的权利，并应当依法履行安全生产方面的义务。"

《安全生产法》第二十五条规定："生产经营单位应当对从业人员进行安全生产教育和培训，保证从业人员具备必要的安全生产知识，熟悉有关的安全生产规章制度和安全操作规程，掌握本岗位的安全操作技能，了解事故应急处理措施，知悉自身在安全生产方面的权利和义务。未经安全生产教育和培训合格的从业人员，不得上岗作业。

生产经营单位使用被派遣劳动者的，应当将被派遣劳动者纳入本单位从业人员统一管理，对被派遣劳动者进行岗位安全操作规程和安全操作技能的教育和培训。劳务派遣单位应当对被派遣劳动者进行必要的安全生产教育和培训。

生产经营单位接收中等职业学校、高等学校学生实习的，应当对实习学生进行相应的安全生产教育和培训，提供必要的劳动防护用品。学校应当协助生产经营单位对实习学生进行安全生产教育和培训。

生产经营单位应当建立安全生产教育和培训档案，如实记录安全生产教育和培训的时间、内容、参加人员以及考核结果等情况。”

《安全生产法》第九十四条规定：“生产经营单位有下列行为之一的，责令限期改正，可以处五万元以下的罚款；逾期未改正的，责令停产停业整顿，并处五万元以上十万元以下的罚款，对其直接负责的主管人员和其他直接责任人员处一万元以上二万元以下的罚款：（一）未按照规定设置安全生产管理机构或者配备安全生产管理人员的；（二）危险物品的生产、经营、储存单位以及矿山、金属冶炼、建筑施工、道路运输单位的主要负责人和安全生产管理人员未按照规定经考核合格的；（三）未按照规定对从业人员、被派遣劳动者、实习学生进行安全生产教育和培训，或者未按照规定如实告知有关的安全生产事项的；（四）未如实记录安全生产教育和培训情况的；（五）未将事故隐患排查治理情况如实记录或者未向从业人员通报的；（六）未按照规定制定生产安全事故应急救援预案或者未定期组织演练的；（七）特种作业人员未按照规定经专门的安全作业培训并取得相应资格，上岗作业的。”

根据上述法律条款规定可知，用人单位必须对从业人员进行安全生产教育和培训，不得安排未经安全生产教育和培训合格的从业人员上岗，否则将会受到处罚。《安全生产法》比《劳动法》对从业人员上岗的要求更为严格，《劳动法》只要求经过培训，而《安全生产法》要求必须经教育培训，且合格。用人单位在实际工作中，应按照《安全生产法》的相关要求，按照图 4—4 所示的步骤实施安全教育培训。

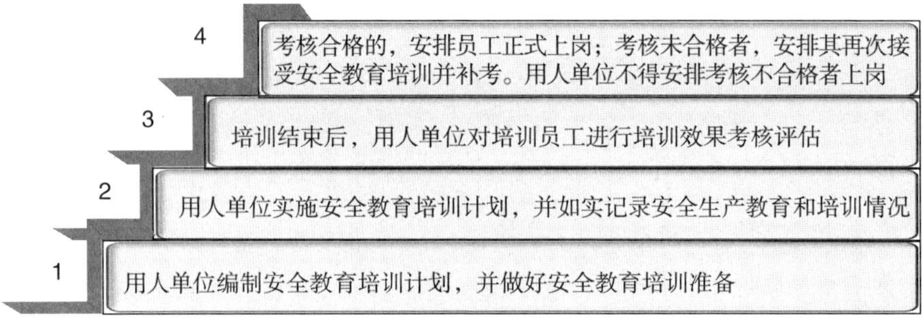

图4—4　安全教育培训实施步骤

4.4.2 劳动防护用品

劳动防护用品是指保护生产人员在生产过程中免受或减轻事故伤害和职业危害的一种防御性装备。用人单位应根据实际安全生产、防止职业性伤害的需要，按照不同工种、不同劳动条件，向职工发放劳动防护用品，并确保劳动防护用品的有效性及使用合规性。

劳动防护用品按照防护部位可分为九类，具体见表4—11。

表4—11　劳动防护用品分类表

分类	说明
头部护具	★ 用于保护头部，防撞击、挤压伤害，防物料喷溅，防粉尘等的护具。主要有防尘帽、防水帽、防寒帽、安全帽、防静电帽、防高温帽、防电磁辐射帽、防昆虫帽等
呼吸护具	★ 用于保护呼吸系统，防止吸入粉尘或有毒气体。如活性炭口罩、动力呼吸保护器、防毒面具
眼护具	★ 用于保护作业人员的眼睛、面部，防止外来伤害。分为焊接用眼护具、炉窑用眼护具、防冲击眼护具、微波防护具、激光防护镜以及防X射线、防化学、防尘等眼护具
听力护具	★ 用于保护听觉器官，有耳塞、耳罩和帽盔三类
防护鞋	★ 用于保护足部免受伤害，如防尘鞋、防水鞋、防寒鞋、防冲击鞋、防静电鞋、防高温鞋、防酸碱鞋、防油鞋、防烫脚鞋、防滑鞋、防穿刺鞋、电绝缘鞋、防震鞋等

续表

分类	说明
防护手套	★ 用于手部保护，主要有耐酸碱手套、电工绝缘手套、电焊手套、防 X 射线手套、石棉手套等
防护服	★ 用于保护职工免受劳动环境中的物理、化学因素的伤害，分为特殊防护服和一般作业服两类
防坠落护具	★ 用于防止坠落事故发生，主要有安全带、安全绳和安全网
护肤用品	★ 用于外露皮肤的保护，分为护肤膏和洗涤剂

关于劳动防护用品的配置与使用，我国法律法规也有相关规定。

1. 劳动防护用品的配置规定

《劳动法》第五十四条规定："用人单位必须为劳动者提供符合国家规定的劳动安全卫生条件和必要的劳动防护用品，对从事有职业危害作业的劳动者应当定期进行健康检查。"

《安全生产法》第二十五条规定："生产经营单位接收中等职业学校、高等学校学生实习的，应当对实习学生进行相应的安全生产教育和培训，提供必要的劳动防护用品。学校应当协助生产经营单位对实习学生进行安全生产教育和培训。"同时该法第四十二条规定："生产经营单位必须为从业人员提供符合国家标准或者行业标准的劳动防护用品。"

由上述法律规定可知，用人单位必须为从业人员提供必要的劳动防护用品。

2. 劳动防护用品的佩戴、使用规定

《安全生产法》第四十二条规定："生产经营单位必须为从业人员提供符合国家标准或者行业标准的劳动防护用品，并监督、教育从业人员按照使用规则佩戴、使用。"

同时该法第四十四条规定："生产经营单位应当安排用于配备劳动防护用品、进行安全生产培训的经费。"

《安全生产法》不仅对用人单位监督、指导职工正确佩戴、使用劳动防护用品的义务进行了明确规定，也对从业人员在作业过程中正确佩戴和使用劳动防护用品提出了要求，如该法第五十四条规定：“从业人员在作业过程中，应当严格遵守本单位的安全生产规章制度和操作规程，服从管理，正确佩戴和使用劳动防护用品。”

3. 未提供必要劳动防护用品的罚则

为确保用人单位能认真、及时、合规地向从业人员发放劳动防护用品，提高用人单位对劳动防护用品使用的重视程度，维护从业人员的生命财产安全，我国法律对用人单位未向从业人员提供必要劳动防护用品的行为制定了相关罚则，具体如下。

《劳动法》第九十二条规定：“用人单位的劳动安全设施和劳动卫生条件不符合国家规定或者未向劳动者提供必要的劳动防护用品和劳动保护设施的，由劳动行政部门或者有关部门责令改正，可以处以罚款；情节严重的，提请县级以上人民政府决定责令停产整顿；对事故隐患不采取措施，致使发生重大事故，造成劳动者生命和财产损失的，对责任人员依照刑法有关规定追究刑事责任。”

《安全生产法》第九十六条规定：“生产经营单位有未为从业人员提供符合国家标准或者行业标准的劳动防护用品的行为的，责令限期改正，可以处五万元以下的罚款；逾期未改正的，处五万元以上二十万元以下的罚款，对其直接负责的主管人员和其他直接责任人员处一万元以上二万元以下的罚款；情节严重的，责令停产停业整顿；构成犯罪的，依照刑法有关规定追究刑事责任。”

4.4.3 特种作业管理

特种作业指容易发生事故，对操作者本人、他人的安全健康及设备、设施的安全可能造成重大危害的作业。凡是从事特种作业的人员称为特种作业人员。

《安全生产法》第二十七条规定：“生产经营单位的特种作业人员

必须按照国家有关规定经专门的安全作业培训，取得相应资格，方可上岗作业。特种作业人员的范围由国务院安全生产监督管理部门会同国务院有关部门确定。”

该法律条款明确规定，生产经营单位的特种作业人员必须持证上岗，特种作业人员的范围由国务院安全生产监督管理部门会同国务院有关部门确定。此外《特种作业人员安全技术培训考核管理规定》对特种作业人员的范围、必须具备的条件、持证上岗要求等进行了规定。

1. 特种作业人员的范围

原国家安全生产监督管理总局发布的《特种作业人员安全技术培训考核管理规定》中规定，特种作业人员是指直接从事特种作业的从业人员，而特种作业的范围由特种作业目录规定。根据《特种作业人员安全技术培训考核管理规定》附件中的特种作业目录，结合该法律的相关规定，特种作业人员即从事以下十一类特种作业的人员，具体见表 4—12。

表4—12　特种作业的范围

1	电工作业	2	焊接与热切割作业	3	高处作业
4	制冷与空调作业	5	煤矿安全作业	6	金属非金属矿山安全作业
7	石油天然气安全作业	8	冶金（有色）生产安全作业	9	危险化学品安全作业
10	烟花爆竹安全作业	11	国家有关部门认定的其他作业		

2. 特种作业人员必须具备的条件

根据《特种作业人员安全技术培训考核管理规定》，特种作业人员应当符合下列条件，不符合条件的职工用人单位不得安排其从事特种作业。

（1）年满十八周岁，且不超过国家法定退休年龄。

（2）经社区或者县级以上医疗机构体检健康合格，并无妨碍从事相应特种作业的器质性心脏病、癫痫病、美尼尔氏症、眩晕症、癔症、震颤麻痹症、精神病、痴呆症以及其他疾病和生理缺陷。

（3）具有初中及以上文化程度。

（4）具备必要的安全技术知识与技能。

（5）相应特种作业规定的其他条件。

危险化学品特种作业人员除符合前款第（1）项、第（2）项、第（4）项和第（5）项规定的条件外，应当具备高中或者相当于高中及以上文化程度。

3. 特种作业人员持证上岗要求

根据《特种作业人员安全技术培训考核管理规定》，特种作业人员必须经专门的安全技术培训并考核合格，取得《中华人民共和国特种作业操作证》后，方可上岗作业。具体来说，特种作业人员应先参加相关培训，再申请考试，考试合格后，申领特种作业操作证，取证培训及考试的相关要求如下。

（1）取证培训要求。《中华人民共和国特种作业操作证》取证培训的要求如图 4—5 所示。

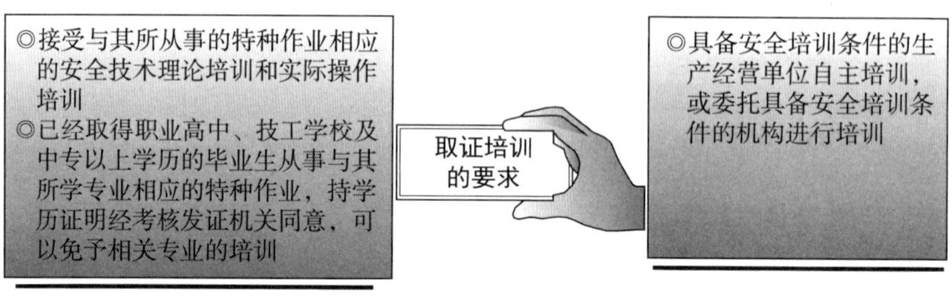

图4—5　取证培训的要求

（2）取证考试要求。《中华人民共和国特种作业操作证》取证考试的要求如图 4—6 所示。

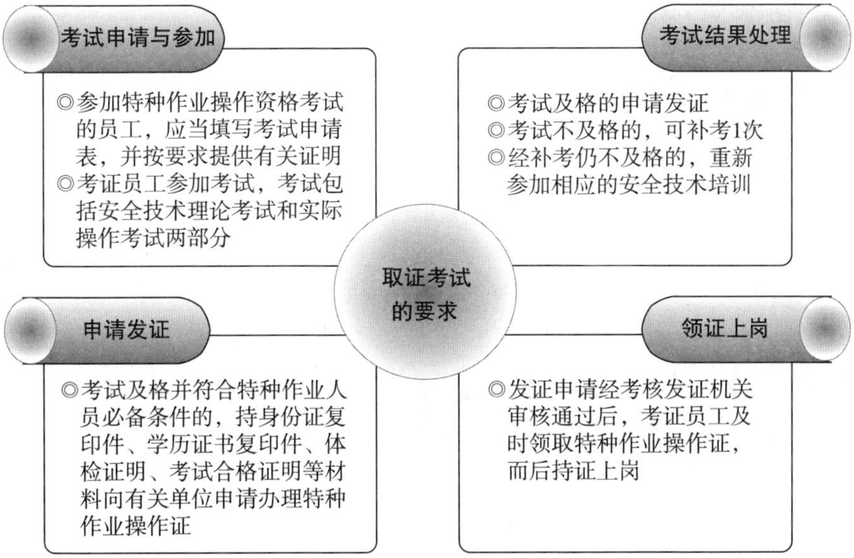
考试申请与参加
◎参加特种作业操作资格考试的员工，应当填写考试申请表，并按要求提供有关证明
◎考证员工参加考试，考试包括安全技术理论考试和实际操作考试两部分
考试结果处理
◎考试及格的申请发证
◎考试不及格的，可补考1次
◎经补考仍不及格的，重新参加相应的安全技术培训
取证考试的要求
申请发证
◎考试及格并符合特种作业人员必备条件的，持身份证复印件、学历证书复印件、体检证明、考试合格证明等材料向有关单位申请办理特种作业操作证
领证上岗
◎发证申请经考核发证机关审核通过后，考证员工及时领取特种作业操作证，而后持证上岗

图4—6　取证考试的要求

即学即用

1. 结合你的工作经历，谈谈国家法律对自己休假权益的保障作用。

2. 结合你的工作岗位，谈谈我国关于劳动防护的法律有哪些。

3. 张某在一家信息技术公司从事研发工作。根据公司要求，9月期间，张某周末基本上都在加班。可是在月底结算工资时，公司财务给他的加班日工资是按照张某的月工资除以30天计算的。

请问，公司财务计算加班工资的标准是否正确?

4. 赵某是一家公司的职工，公司实行计时工作制。在公司已经工作了3年的赵某向单位申请休年假，被批准休假两周，但公司要扣发赵某两周的工资。

请问，公司的做法合理吗？赵某应该如何做?

第5章

知识产权与商业秘密

5.1 知识产权管理

5.1.1 知识产权概述

职工在工作中要注意对自己或他人的知识产权的相关保护，这既是一个经济问题，也是一个法律问题。

知识产权是人类脑力劳动的产物，是人类知识财富在法律上的承认和保护。世界知识产权组织公约将知识产权定义为在工业、科学、文学或艺术领域里的智力活动产生的所有权利。知识产权法规包括专利法、商标法、著作权法、反不正当竞争法等。这些知识产权管理法规的核心是保护知识产权拥有者在市场上获得利益的机会，使社会创新事业得以延续。

职工在工作中，要有知识产权意识，对自己或他人在工作中所创造的知识产权要有清晰的了解，对其价值要有一个大致的评估，同时善于利用法律法规保护自己和他人的权利不被侵害。

5.1.2 知识产权相关法律法规

为保护自己的合法权益，职工对知识产权相关法律法规要有一个大概的了解。

1. 专利法

专利法是确认发明人（或其权利继受人）对其发明享有专有权，规定专利权人的权利和义务的法律规范的总称。

制定专利法的目的是保护专利权人的合法权益，鼓励发明创造，推动发明创造的应用，提高创新能力，促进科学技术进步和经济社会发展。

职工需要了解的是，这里所称的发明创造是指发明、实用新型和外观设计。发明是指对产品、方法或者其改进所提出的新的技术方案；实用新型是指对产品的形状、构造或者其结合所提出的适于实用的新的技术方案；外观设计是指对产品的形状、图案或者其结合以及色彩与形状、图案的结合所作出的富有美感并适于工业应用的新设计。

在实践中，职工要特别注意以下几点。

（1）区分职务发明创造与非职务发明创造。执行本单位的任务或者主要是利用本单位的物质技术条件所完成的发明创造为职务发明创造。职务发明创造申请专利的权利属于该单位；申请被批准后，该单位为专利权人。非职务发明创造，申请专利的权利属于发明人或者设计人，申请被批准后，该发明人或者设计人为专利权人。利用本单位的物质技术条件所完成的发明创造，单位与发明人或者设计人订有合同，对申请专利的权利和专利权的归属作出约定的，从其约定。

对发明人或者设计人的非职务发明创造专利申请，任何单位或者个人不得压制。

（2）多人合作完成的发明创造专利权的确定。两个以上单位或者个人合作完成的发明创造、一个单位或者个人接受其他单位或者个人委托所完成的发明创造，除另有协议的以外，申请专利的权利属于完成或者共同完成的单位或者个人。申请被批准后，申请的单位或者个人为专利权人。

（3）谁先申请谁得。同样的发明创造只能授予一项专利权。但是，同一申请人同日对同样的发明创造既申请实用新型专利又申请发明专利，先获得的实用新型专利权尚未终止，且申请人声明放弃该实用新型专利权的，可以授予发明专利权。两个以上的申请人分别就同样的发明创造申请专利的，专利权授予最先申请的人。

2. 商标法

商标法是确认商标专用权，规定商标注册、使用、转让、保护和管理的法律规范的总称。

商标法的作用主要是加强商标管理，保护商标专用权，促进商品的生产者和经营者保证商品和服务的质量，维护商标的信誉，以保证消费者的利益，促进社会主义市场经济的发展。

在具体申请过程中，申请人应当按规定的商品分类表填报使用商标的商品类别和商品名称，提出注册申请。申请人还可以通过一份申请就多个类别的商品申请注册同一商标。商标注册申请等有关文件，可以以书面方式或者数据电文方式提出。注册商标需要在核定使用范围之外的商品上取得商标专用权的，应当另行提出注册申请。注册商标需要改变其标志的，应当重新提出注册申请。

3. 著作权法

著作权法是为保护文学、艺术和科学作品作者的著作权以及与著作权有关的权益，鼓励有益于社会主义精神文明、物质文明建设的作品的创作和传播，促进社会主义文化和科学事业的发展与繁荣而制定的。

职工需要注意的是，这里所说的“作品”，内容十分广泛，它包括以各种形式创作的文学、艺术和自然科学、社会科学、工程技术等作品。常见的作品类型有以下几种。

（1）文字作品。

（2）口述作品。

（3）音乐、戏剧、曲艺、舞蹈、杂技艺术作品。

（4）美术、建筑作品。

（5）摄影作品。

（6）电影作品和以类似摄制电影的方法创作的作品。

（7）工程设计图、产品设计图、地图、示意图等图形作品和模型作品。

（8）计算机软件。

（9）法律、行政法规规定的其他作品。

而通常所说的“著作权”，其内容在著作权法中也十分广泛，它包括多种人身权和财产权，常见的权利有以下几类。

（1）发表权，即决定作品是否公之于众的权利。

（2）署名权，即表明作者身份，在作品上署名的权利。

（3）修改权，即修改或者授权他人修改作品的权利。

（4）保护作品完整权，即保护作品不受歪曲、篡改的权利。

（5）复制权，即以印刷、复印、拓印、录音、录像、翻录、翻拍等方式将作品制作一份或者多份的权利。

（6）发行权，即以出售或者赠予方式向公众提供作品的原件或者复制件的权利。

（7）出租权，即有偿许可他人临时使用电影作品和以类似摄制电影的方法创作的作品、计算机软件的权利，计算机软件不是出租的主要标的的除外。

（8）展览权，即公开陈列美术作品、摄影作品的原件或者复制件的权利。

（9）表演权，即公开表演作品，以及用各种手段公开播送作品的表演的权利。

（10）放映权，即通过放映机、幻灯机等技术设备公开再现美术、摄影、电影和以类似摄制电影的方法创作的作品等的权利。

（11）广播权，即以无线方式公开广播或者传播作品，以有线传播或者转播的方式向公众传播广播的作品，以及通过扩音器或者其他传送符号、声音、图像的类似工具向公众传播广播的作品的权利。

（12）信息网络传播权，即以有线或者无线方式向公众提供作品，使公众可以在其个人选定的时间和地点获得作品的权利。

（13）摄制权，即以摄制电影或者以类似摄制电影的方法将作品固定在载体上的权利。

（14）改编权，即改变作品，创作出具有独创性的新作品的权利。

（15）翻译权，即将作品从一种语言文字转换成另一种语言文字的权利。

（16）汇编权，即将作品或者作品的片段通过选择或者编排，汇集成新作品的权利。

（17）应当由著作权人享有的其他权利。

在现实中，著作权人可以许可他人行使前款第（5）项至第（17）项规定的权利，并依照约定或者相关法规获得报酬。

4. 反不正当竞争法

《反不正当竞争法》旨在规范社会主义市场经济秩序，倡导公平有序的竞争，对于保护合法市场参与者的权益和打击不法市场经济行为有着重要意义。

5.2　保密管理

5.2.1　商业秘密及要素概述

按照《反不正当竞争法》第九条的规定："商业秘密是指不为公众所知悉，具有商业价值并经权利人采取相应保密措施的技术信息和经营信息。"由此可见，商业秘密由以下三个要素构成。

1. 具有客观秘密性

商业秘密首先必须是处于秘密状态的信息，不可能从公开的渠道所获悉。《关于禁止侵犯商业秘密行为的若干规定》中指出："不为公众知悉，是指该信息是不能从公开渠道直接获取的。"最高人民法院《关于审理不正当竞争民事案件应用法律若干问题的解释》第九条规定，有关信息不为其所属领域的相关人员普遍知悉和容易获得，应当认定为反不正当竞争法第十条第三款（现第九条）规定的"不为公众所知悉"。

根据该解释的相关规定，具有下列情形之一的，可以认定有关信息不构成不为公众所知悉，具体如图 5—1 所示。

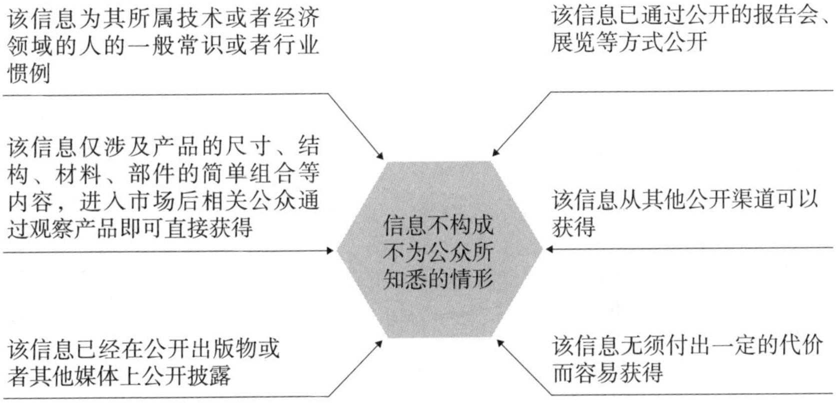

图5—1　信息不构成不为公众所知悉的情形

2. 具有实用性和价值性

首先，商业秘密与其他理论成果的根本区别就在于，商业秘密具有现实或潜在的实用性。商业秘密必须是一种现在或者将来能够应用于生产经营或者对生产经营有用的具体的技术方案和经营策略。不能直接或间接使用于生产经营活动的信息，不具有实用性，不属于商业秘密。其次，作为商业秘密的信息能为权利人带来现实的或潜在的经济利益，具有一定的经济价值。这里的经济价值既包括经济收益，也包括市场竞争优势。

《关于禁止侵犯商业秘密行为的若干规定》中指出，能为权利人带来经济利益是指该信息能为权利人带来现实的或者潜在的经济利益或者竞争优势。

3. 权利人采取了保密措施

只有当权利人采取了能够明示其保密意图的措施，才能成为法律意义上的商业秘密。

最高人民法院《关于审理不正当竞争民事案件应用法律若干问题的解释》第十一条规定，权利人为防止信息泄漏所采取的与其商业价值等具体情况相适应的合理保护措施，应当认定为反不正当竞争法第十条第三款（现第九条）规定的保密措施。人民法院应当根据所涉信息载体的特性、权利人保密的意愿、保密措施的可识别程度、他人通过正当方式获得的难易程度等因素，认定权利人是否采取了保密措施。具有下列情形之一，在正常情况下足以防止涉密信息泄漏的，应当认定权利人采取了保密措施。

（1）限定涉密信息的知悉范围，只对必须知悉的相关人员告知其内容。

（2）对于涉密信息载体采取加锁等防范措施。

（3）在涉密信息的载体上标有保密标志。

（4）对于涉密信息采用密码或者代码等。

（5）签订保密协议。

（6）对于涉密的机器、厂房、车间等场所限制来访者或者提出保密要求。

（7）确保信息秘密的其他合理措施。

实践中，保密措施包括订立保密协议、建立保密制度及其他合理的保密措施，如对商业秘密的存放、使用、转移各环节采取有效的监管措施等。如用人单位与职工仅约定某些信息是商业秘密，但是除了与职工签订保密协议外，并未采取任何其他措施保守该商业秘密，每一个职工都可以轻易地获取，这种信息就不能被认定为商业秘密。

上述三个特征，是商业秘密缺一不可的构成要素。只有同时具备以上三个特征的技术信息和经营信息，才属于商业秘密。

5.2.2　商业秘密保护相关法律法规

职工在工作中，要注意保护企业商业秘密，避免触犯相关的法律法规。具体来说，主要有以下一些应注意的法律法规。

1. 反不正当竞争法

在《反不正当竞争法》第九条第一款中列举了三种关于侵犯商业秘密禁止性规范，职工在工作中要注意了解。

（1）以盗窃、贿赂、欺诈、胁迫或者其他不正当手段获取权利人的商业秘密。

（2）披露、使用或者允许他人使用以前项手段获取的权利人的商业秘密。

（3）违反约定或者违反权利人有关保守商业秘密的要求，披露、使用或者允许他人使用其所掌握的商业秘密。第三人明知或者应知商业秘密权利人的职工、前职工或者其他单位、个人实施前款所列违法行为，仍获取、披露、使用或者允许他人使用该商业秘密的，视为侵犯商业秘密。

侵犯商业秘密的，由监督检查部门责令停止违法行为，处十万元以上五十万元以下的罚款；情节严重的，处五十万元以上三百万元以下的罚款（主要针对经营者）。

2. 合同法

在《合同法》中明确规定了当事人的保密义务，要求当事人在订立合同过程中知悉的商业秘密，无论合同是否成立，不得泄露或者不正当地使用。泄露或者不正当地使用该商业秘密给对方造成损失的，应当承担损害赔偿责任。

3. 刑法

《刑法》第二百一十九条关于侵犯商业秘密罪以及应承担的刑事责任专门作了一些规定。

有下列侵犯商业秘密行为之一，给商业秘密的权利人造成重大损失的，处三年以下有期徒刑或者拘役，并处或者单处罚金；造成特别严重后果的，处三年以上七年以下有期徒刑，并处罚金。

（1）以盗窃、利诱、胁迫或者其他不正当手段获取权利人的商业秘密的。

（2）披露、使用或者允许他人使用以前项手段获取的权利人的商业秘密的。

（3）违反约定或者违反权利人有关保守商业秘密的要求，披露、使用或者允许他人使用其所掌握的商业秘密的。明知或者应知前款所列行为，获取、使用或者披露他人的商业秘密的，以侵犯商业秘密论。本条所称商业秘密，是指不为公众所知悉，能为权利人带来经济利益，具有实用性并经权利人采取保密措施的技术信息和经营信息。

这里所称权利人，是指商业秘密的所有人和经商业秘密所有人许可的商业秘密使用人。

4. 劳动法

《劳动法》对商业秘密也有相关的规定。

“第二十二条　劳动合同当事人可以在劳动合同中约定保守用人单位商业秘密的有关事项。”

“第一百零二条　劳动者违反本法规定的条件解除劳动合同或者违反劳动合同中约定的保密事项，对用人单位造成经济损失的，应当依法承担赔偿责任。”

5. 民法通则

《民法通则》第一百一十八条关于侵害知识产权（包括商业秘密中的技术秘密）应承担的民事责任有专门的规定：“公民、法人的著作权（版权）、专利权、商标专用权、发现权、发明权和其他科技成果权受到剽窃、篡改、假冒等侵害的，有权要求停止侵害，消除影响，赔偿损失。”

6. 促进科技成果转化法

《促进科技成果转化法》鼓励科技中介服务机构的发展，并对其保密义务专门作出了规定。

“第三十条　国家培育和发展技术市场，鼓励创办科技中介服务机构，为技术交易提供交易场所、信息平台以及信息检索、加工与分析、评估、经纪等服务。科技中介服务机构提供服务，应当遵循公正、客观的原则，不得提供虚假的信息和证明，对其在服务过程中知悉的国家秘密和当事人的商业秘密负有保密义务。”

即学即用

1. 结合你所在的工作岗位，谈谈自己应该如何保护知识产权。

2. 结合你所在的企业，谈一下你对保密管理的认识。